JN024027

そのままやるだけ！

お金超入門

貯金ゼロから100万円を最速でつくる超実践ガイド

頼藤太希［著］
青木健生［マンガシナリオ］
きたがわかよこ［作画］

ダイヤモンド社

はじめに

「お金が増えない」と悩む人たちの多くは「お金と向き合う」重要性をわかっています。

ただ、お金に意識が向く瞬間は「なんとかしなくちゃ」と思っていても、時間が経つと忘れてしまうのが現実です。また、ネットや本でお金のことを学んだのはよいものの、具体的な実践内容が明確ではないことが多いので、やらずじまいということもあるのではないでしょうか。

人生を豊かに生きていく力「マネーリテラシー（お金の知性）」は「お金の知識×実践」で身についていくものです。知識だけ蓄えてもダメ。実践を伴うことで初めてレベルアップしていきます。本書ではマネーリテラシーのレベルを「マネー偏差値」と呼んでいます。

本書は、マネー偏差値に合わせた「これだけは学び実践すべし！」という内容を、5分読めば実践できるように凝縮しました。

私はマネーコンサルタントとして今まで講演や相談を通して5000人以上にお金の知識を伝えてきました。また、月間400万人が訪れるマネーサイト『Mocha（モカ）』やYouTube番組『Money&You TV』を運営し、情報発信を続けています。本書では、それらの膨大なノウハウから、最速で生かせるエッセンスを厳選しています。

お金持ちになれるかどうかは、「行動・実践するかどうか」。できることから少しずつ始めてみましょう。

お金の知性が、人生を変える。

2021年9月　頼藤太希

*本書は、時々刻々変わる料金や金利などを含む商品・サービスの情報を掲載しています。それらは、基本的に本書の発売時点の情報であることをあらかじめお断りしておきます。最新の情報を確認の上、ご活用ください。

ヤイダ商事

やっぱり
どー考え
たって…

お金は
すっごく
大事よね

ガッ

高山みずき（29）

そんなの
当たり前じゃ
ないですか…

そう！
大事で当たり前な
ことなのに…

ガッ　ガッ　ガッ
もぐ　もぐ

なんで私の
お金が増えないの⁉

えー…
そんなの会社の後輩に聞かないでくださいよぉ
和田涼太（27）
結婚したり子どもを作ったりして家族を持つためにも！
家族を失ったりしてひとりで生きることになったとしても！
『人生100年時代』の長い老後を生きるためにも！
夫
子
必要なのはお金！
なのに私の貯金は5万円…未来が不安で不安で…
はぁぁぁぁ
スイスイ
あ なら…

この人紹介しましょうか？大学のサークルの大先輩で
マネーコンサルタント
頼藤太希

ＯＢの集まりでお会いして仲良くなったんです…
お金の相談乗ってくれますよ？

マネーコンサルタント⁉ マネー関係の著書多数⁉
すごい人じゃない‼

なんで紹介してくれなかったの⁉ お金のこと悩んでたのに…！
そんなの知らなかったですし…逆ギレしないでくださいよぉ
キィッ
ガクガク

二人で有給取ってでも会いに行こっ！
アポ取って！お願い！
わっわかりました…

株式会社Money&Youの代表取締役…
頼藤太希です

ありがとうございます！
わざわざお時間取っていただいて…

涼太は弟みたいにかわいがってますし
こちらこそ彼がお世話になってます
お世話だなんてそんなぁ…

そうですよぉ
世話というか説教されてばかりですし…
余計なこと言わないのっ

私お金を貯めたくて…
そのために何か始めたいんです
でも…

書店に行ってもネットで調べても手に入る情報が多すぎて
どれを信じて何をやればいいのか悩んでしまって…
お金がたまる本
簡単マネー術
マネーニュース

まだ何もできずにいるんです
ズーン
なるほど…確かに悩みますよね

でも知るべきことややるべきことは人ごとに違うんです

その人ごとに『マネー偏差値』が違いますから
マネー偏差値？

マネー偏差値…
『お金に対する理解度』と
言っても
いいかもしれません

『マネー偏差値』は
今の自分がやるべき
『お金を増やす方法』を
知って
実行すれば
上がります…
マネー偏差値
300円です！
ピッ
もちろん
それによって
お金が増える
でしょう

お金が増えれば
そのお金のために
できることも
変わります
資産に余裕が
できれば
投資にお金を
回すことも
できますし
株券

マネー偏差値が
まだ高くない人が
やるべきことは
決まっています
決まって
るんですか!?

はい！『今はこれだけやればいい』という行動だけに絞って…

具体的に伝授しましょう！

そのままやるだけ！
お金も、知識も
どんどん増えていく♪
ぎゅっ

そのままやるだけ！ お金超入門 目次

家計簿ソフトを使えば簡単にチェックできます
お金の出入りを自動的に記録してくれますので
それらも知ってやってみましょう！楽しみながら支出を減らしましょう！
おー
楽しみながら支出を!!

第2章 コスパ重視で銀行、保険、クレカを選びなさい

第3章 貯金から始めて、人生の安心を手に入れなさい

ぎゅっ
NISAを活用すれば税金で利益を減らさずに投資ができるんです！
iDeCoとNISA…高山さんもそこまで来たんですねぇ
はい！そこまで来たんです！
感極まるにはまだ早いんじゃ…

投資信託と株(株式)についてもしっかり理解して…
自分で投資できるくらいになりましょう!
お金が貯まらなかった私が頼藤さんのおかげでお金を働かせるまでに!
資金を増やすためにも人間もバリバリ働かないと…ついてこいよ涼太!

chapter 1

第1章

まずは激ヤバ赤字人生を避けなさい！

目標マネー偏差値 40

お金を増やすために、何から始めればいいでしょう？　いろいろ知っていることはあるけれど、結局何をすればいいんですか？　マネー偏差値を上げることに決めたみずきさんも悩んでいます。実は、お金を増やすための方法はたった3つしかないんです。それはいったい何でしょうか？

この章でわかること

- ☑ お金を増やす方法はたった3つ
- ☑ 我慢しないで無理なく節約することから

実は誰でも実行できることがあるんです。この章では今日から始められることを紹介しますね

では私がお金を貯めるために…
ずずいっ
まずは何をすればいいんですか？

それは…
『ムダな支出を減らす』ことです

ムダな支出を減らす⁉

それはフツーというか当たり前のような…
そうです当たり前のことだからこそ誰でもすぐにできるんです！

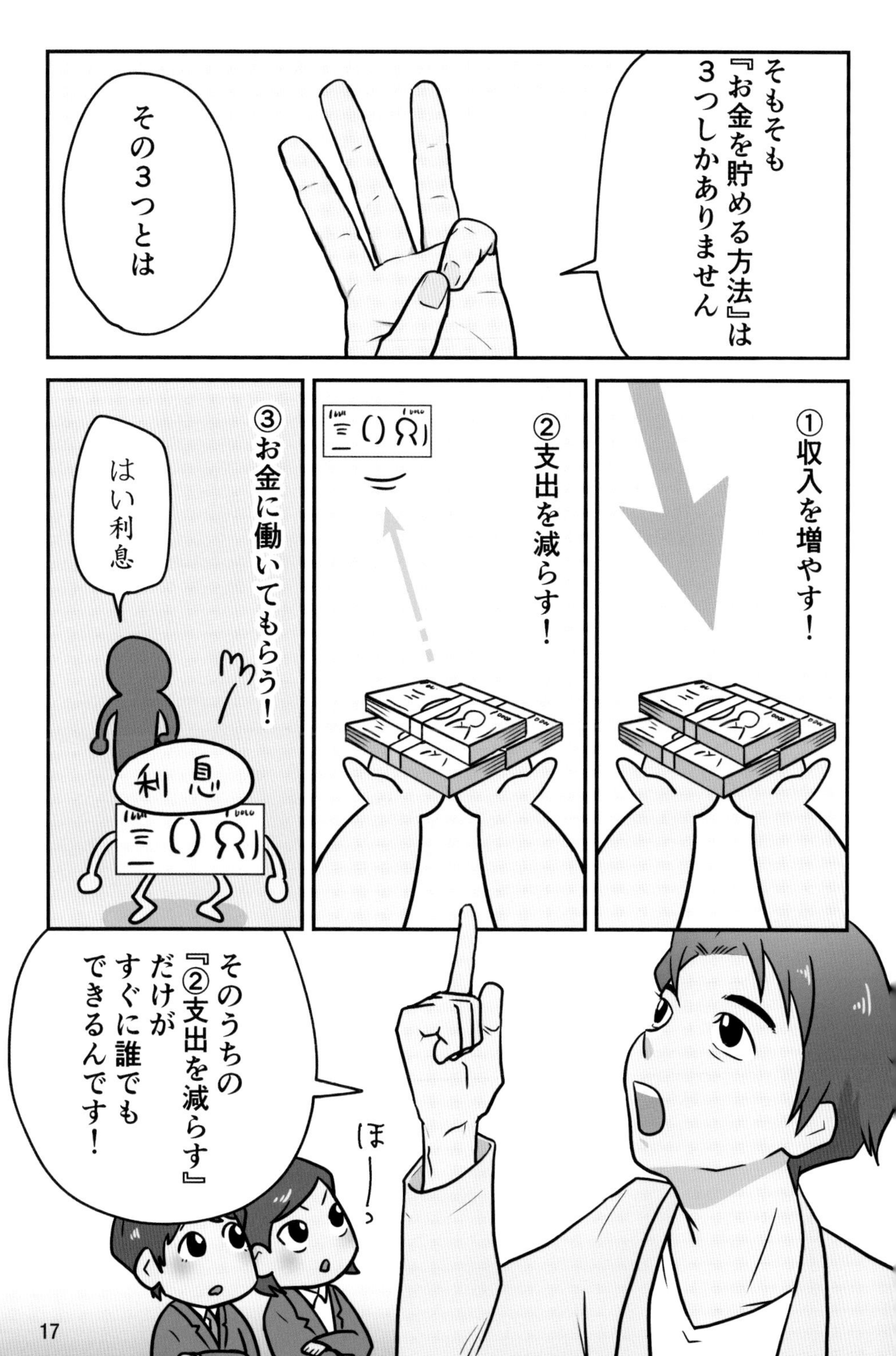
そもそも『お金を貯める方法』は3つしかありません
その3つとは
①収入を増やす！
②支出を減らす！
③お金に働いてもらう！
はい利息
利息
そのうちの『②支出を減らす』だけがすぐに誰でもできるんです！
ほーーっ

やはりまずは
節約ってこと
なんですね…
でもムリやガマンを
しながら節約しても
長続きしません

まずは金額が
大きくていったん
見直せば
長く節約になる
住居費・光熱費や
保険料などの
『固定費』を
見直しましょう

その次に『無駄遣い』の
見直しです

使っていないカードに
年会費を払ったり
利用していない
サブスクリプションに
お金を払うのは『無駄』です

すぐに解約しましょう！

amazon

hulu

NETF

その次に食費や
被服費などの『変動費』も
見直しましょう

スイスイ

毎月どれだけ
支出したかは…

お金はできるだけ安く得をしながら…そして楽しく使いましょう!

R POINT

安く得をしながら楽しくお金を使う方法はいろいろとあります

¥2,000

マクドナルド

それらも知ってやってみましょう! 楽しみながら支出を減らしましょう!

おー!

楽しみながら支出を!!

chapter 1

1 「ちっともお金が貯まらない」人は給与明細書のこの数字だけ覚えなさい

給与明細を見てみよう

※会社により書式・項目は異なります

（勤務日数・労働時間）

勤怠	出勤日数	欠勤日数	休日出勤日数	有給消化日数	有給残日数
	20	0	0	0	12
	労働時間	遅刻早退時間	残業時間		
	160	0	6		
支給	基本給	役職手当	資格手当	住宅手当	通勤手当
	240,000		10,000		10,000
	時間外手当				❶総支給額
	10,160				270,160
控除	健康保険	厚生年金保険	介護保険	雇用保険	
	13,874	25,455	0	810	
	所得税	住民税			❷総控除額
	5,130	10,000			55,269
集計	課税計		❶総支給額	❷総控除額	差引支給額
	260,160		270,160	55,269	214,891

（基本給・残業代）（手当・通勤費）（税金）（社会保険料）

総支給額と手取りの金額が大きく違うのは「税金」や「社会保険料」が引かれるからです！

❶総支給額から❷総控除額を引いた残りの金額が手取りの金額！

給料明細は上の欄から大きく「勤怠」「支給」「控除」の3つの項目に分かれています。

総支給額から総控除額を引いた差引支給額が、銀行に振り込まれる手取りの金額です。

自分の給与明細をぜひ見てください。まずは手取りと、手取りを減らす税金・社会保険料の数字を覚えましょう。

お金を貯める方法は、「収入を増やす」「支出を減らす」「お金に働いてもらう」の3つしかありません。

最優先は自分で工夫して下げられ、お金が効率よく増やせる「支出を減らす」。そうして増えたお金を増えるところに預けて（投資して）、お金を貯められるようにします。

覚えておくべきはこの数字！

給与の金額が決まるまで

総支給額		
基本給（働き方による変動が少ない収入）	残業代（働き方による変動が多い収入）	手当

総控除額			
－ 税金	社会保険料	＝	差引支給額（手取り）

- 税金：・所得税　・住民税
- 社会保険料：・健康保険料　・厚生年金保険料　・雇用保険料

手取りを増やすには
・総支給額を増やす
・総控除額を減らす
しかない

お金を貯める方法は3つしかない

Point
手取りの金額だけでなく
税金や社会保険料の数字も覚えておこう

1 収入を増やす

- 給料を上げる
- 給料の高い会社に転職
- 副業する など

2 支出を減らす

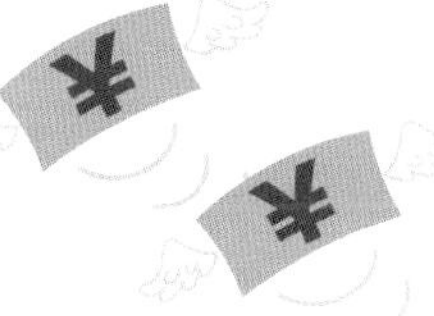

- 家計を見直す
- 無駄遣いを減らす
- 税金を節約する など

3 お金に働いてもらう

- お金が増えるところに預ける（投資する）

収入アップより支出ダウン

（例）1万円収入を増やすvs
1万円支出を減らす

収入 年収が上がっても税金や社会保険料がかかり思ったより手取りは増えない

支出 工夫次第で下げられる 減った分だけ使えるお金が増える

➡支出を減らす方が効率的

お金の置き場所を変える

（例）100万円を20年間預ける

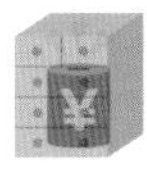

タンス預金
➡100万円のまま

銀行預金
（金利**0.001**％だとして）
➡100万200円

投資信託（年利**3**％だとして）
➡約**180**万円

➡お金の増え方が変わる

2 赤字生活を避けるために、お金は1カ月、1年で考えなさい

支出を「見える化」しよう

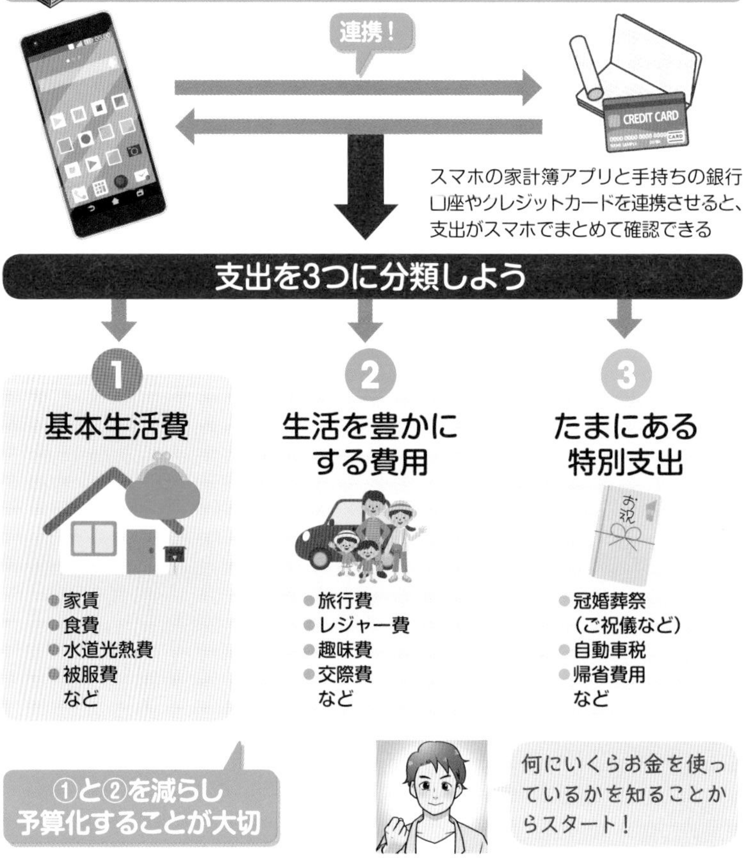

連携！

スマホの家計簿アプリと手持ちの銀行口座やクレジットカードを連携させると、支出がスマホでまとめて確認できる

支出を3つに分類しよう

① 基本生活費
- 家賃
- 食費
- 水道光熱費
- 被服費

など

② 生活を豊かにする費用
- 旅行費
- レジャー費
- 趣味費
- 交際費

など

③ たまにある特別支出

- 冠婚葬祭（ご祝儀など）
- 自動車税
- 帰省費用

など

①と②を減らし予算化することが大切

何にいくらお金を使っているかを知ることからスタート！

お金が貯まる人は、何にいくら使っているか把握していて、出費を予算内に収めるため、家計がマイナスになりません。お金を何に使っているかを知ることはとても大切です。

スマホの家計簿アプリを使うと便利です。銀行口座やクレジットカードと連携すると、月々の引き落としやクレジットカードでの買い物の内容を自動的に記録できます。

支出は大まかに3つに分類。「基本生活費」と「生活を豊かにする費用」の支出を減らせないか考えます。さらに費目別に内訳や金額をまとめてみましょう。1カ月の支出が把握できたら、年単位の支出・急な支出もチェック。いつ、どんな支出があるか考えてみましょう。

どんな支出をしているか書き出そう

1カ月にかかる支出

費目	内訳	金額
家賃		円
通信・光熱費		円
保険料		円
食費		円
交際費		円
被服費		円
教育費		円
雑費		円
支出合計		円

金額はざっくり千円・万円単位でOK

固定費 毎月金額がほぼ同じ費用

変動費 毎月金額が変わる費用

節約の基本は固定費を先に見直すこと。
詳しくはP28で紹介します。

お金が貯まる人は支出を把握し、出費を予算内に収めている

年単位の支出

費目	金額
自動車税	円
車検費用	円
家賃更新料	円
年払い保険料	円
その他	円
合計	円

急な支出

費目	金額
医療費	円
冠婚葬祭	円
家具の故障	円
帰省・旅行	円
その他	円
合計	円

急な支出は専用の銀行口座を作って、計画的に貯めておこう

1カ月の金額で計算してみよう

手取り	円
ー貯蓄額	円
ー支出合計	円
＝使途不明金	円

収入から先に貯蓄を確保する「先取り貯蓄」が大事！（P80）
何に使ったかわからない使途不明金が多い人は無駄遣いが多いかも？

chapter 1

3

スマホ連動で計算不要！ 家計簿アプリはこれを使いなさい

家計簿アプリ「マネーフォワードME」

マネーフォワードME
マネーフォワード
アプリ無料
(有料版はアプリ内課金480円／月、
または5,300円／年)

●マネーフォワードMEでできること

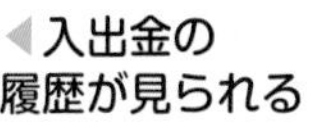

◀入出金の履歴が見られる

▲予算を立てられる

▼銀行の預金額がすぐわかる

▼収入や支出を自動でグラフ化

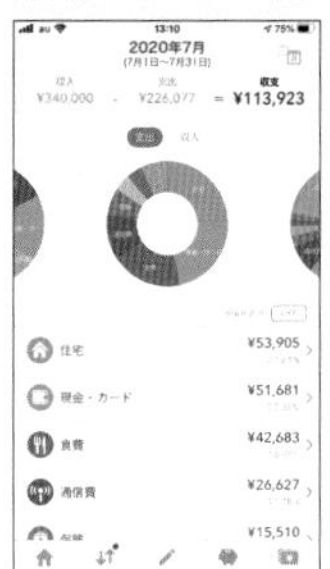

何にいくら使っているか知るための家計簿アプリのおすすめはマネーフォワードMEです。

マネーフォワードMEは、基本無料で利用できるアプリです。銀行・カード・証券など、2600以上のサービスと連携して、お金の出入りを自動的に記録できます。

アプリに収入や支出をまとめるだけで、自動的にわかりやすい家計簿ができます。お金を貯めるためにまずしたい「大まかな支出の確認」が最速でできます。自分が多く払っている支出がわかったら、それを削れないか検討しましょう。

予算機能では、同じようなプロフィールの人の支出を参照可能。比較してみましょう。

銀行口座を連携しよう

❶連携する銀行口座を選ぶ

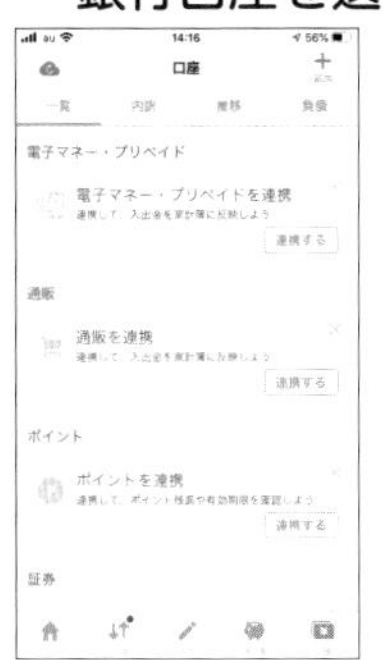

「口座」→「追加」をタップして、連携する銀行口座を一覧から選ぶ（検索もできる）

❷登録情報を入力

選択した銀行のサイトが開くので、口座番号や暗証番号など、必要な情報を入力する

❸情報が連携された

連携が完了すると、現在の残高が表示される
連携した情報は随時更新される

クレジットカードを連携しよう

❶連携するカードを選ぶ

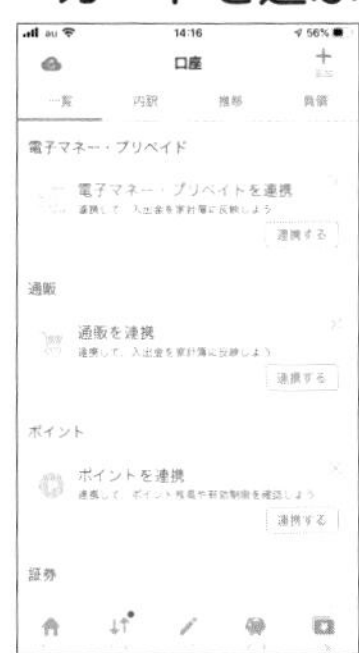

「口座」→「追加」をタップして、連携するカードを一覧から選ぶ（検索もできる）

❷登録情報を入力

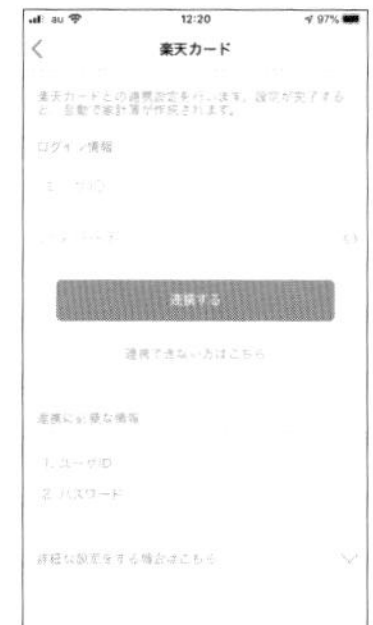

指示にしたがって、クレジットカードのIDやパスワードなどの情報を入力する

❸情報が連携された

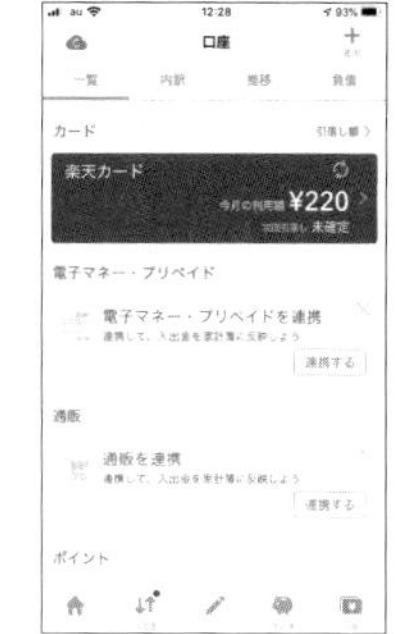

連携が完了すると、今月の利用額が表示される
連携した情報は随時更新される

マネーフォワードでは他にも、
- 電子マネー
- プリペイド
- 通販
- ポイント
- 証券

の登録ができる。
持っているものがあれば、同様の手順で登録しておこう

登録した銀行口座やクレジットカードのお金の動きを自動的に記録して集計してくれます

手動で支出を記録しよう

❶入力をタップ

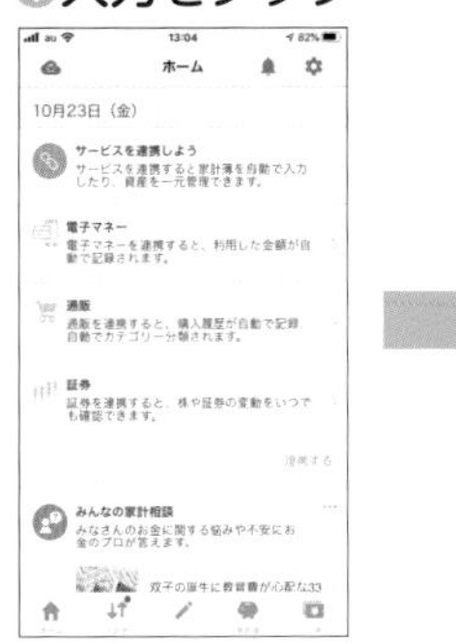

画面下部の「入力」をタップする

❷金額などを入力

金額・費目のカテゴリ・日にちを入力し、「保存」をタップ

レシート撮影でらくらく入力！

「レシート」をタップするとカメラが起動。レシートを撮影するだけで支出が記録できる

毎月の支出を見てみよう

画面下部の「家計簿」をタップすると、毎月の収入・支出の合計が円グラフで表示される

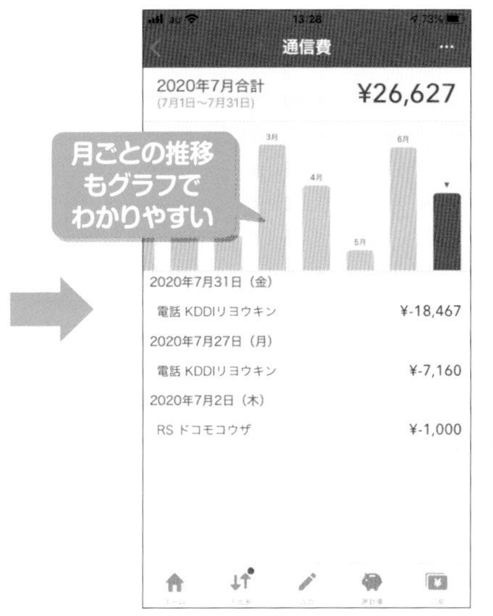

円グラフの下にある各費目をタップすると、その費目の内訳、金額の詳細が表示される

まずは円グラフを見て、自分が多く払っている費用は何かチェックしましょう。それができたら、多く払っている費目をタップし、具体的に何に払っているかを確認。そして、それが本当に必要かを考えて、もし不要ならカットしていきます

その他の機能も使ってみよう

●入出金を確認

「入出金」をタップすると、すべての入金・出金が時系列に表示される

いつ、いくらの
収入・支出が
あったか
すぐわかる

前画面右上のアイコンをタップすると、月ごとの入出金をカレンダーで表示できる

マネーフォワードMEを使って最速で支出を把握しよう

●予算を立てる

自分のプロフィールと似たユーザーの統計データをもとに予算設定ができる

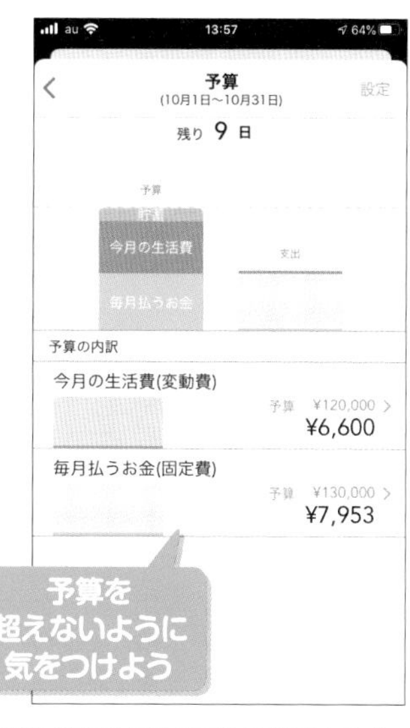

予算を
超えないように
気をつけよう

予算どおりに支出ができているか、進捗状況も確認することができる

予算機能では、月の収入からまず貯蓄額を決め、残った金額で予算を組んでいきます。これは、P80で紹介する先取り貯蓄の考え方を取り入れたもの。お金を確実に貯めるための仕組みとして役立ちます

chapter 1

4 無理なく節約したいなら、支出をこの順番で見直しなさい！

支出はできるだけ減らした方がいいですが、無理な節約は長続きしませんし、ストレスになりかねません。

上手に節約するポイントは、金額の大きなもの・効果が持続するもの・我慢が不要なものを優先すること。具体的には、まず固定費を優先します。

固定費は、一度見直せば以後は節約効果がずっと続くため効果が高くて楽なのです。

固定費には家賃（住宅ローン）・通信費・光熱費・保険料などがあります。ひとつずつ見直して、確実に減らしていきましょう。

固定費の見直しが終わったら、無駄遣いや変動費も同様に見直していきます。

節約は正しい順序で行う

●変動費と固定費

変動費	固定費
食費・交際費・被服費　など	家賃・通信・光熱費・保険料
やりくり次第で支払額が変わるもの。我慢すれば即効性はあるが長続きはしない	毎月の支払額が決まっているもの。一度見直せば、節約の効果がずっと続く

上手な節約のポイント

- 金額が大きい　＞　金額が小さい
- 効果が持続する　＞　効果が持続しない
- 我慢が不要　＞　我慢が必要

●支出を見直す順番はこれ！

1. 固定費
2. 無駄遣い
3. 変動費

ストレスなく大きな削減効果が見込める固定費から見直しましょう

固定費の節約

住居費：家賃を下げる

3畳
ワンルーム

シェア
ハウス

人気エリアの極小物件。家賃が安い

複数人で1つの部屋を借りて住む

都心を中心に人気の3畳ワンルームやシェアハウスを検討。家賃を1万円下げられれば年12万円が浮く

スマホ代：格安SIMに変更

ドコモ3GB＋5分かけ放題　5,335円

格安SIM UQ mobile 3GB＋10分かけ放題　2,398円

大手3大キャリアから格安SIMに乗り換えることでスマホ代は大きく削れる。半額以下になることも

光熱費：契約の見直し

（3人家族の例）
東京電力エナジーパートナー
従量電灯B　40A　月**15,021**円

Looopでんき
おうちプラン　月**13,728**円
→年**15,516**円お得

電力自由化の影響で、契約を見直すだけで安くなる場合がある。もちろん、電力の供給に支障はない

保険料：不要な保障は解約

生命保険　→　必要な保険

若いうちは過度に保険に入る必要はない。P62を参考に必要な保障を調べ、不要な保障は解約しよう

Point
ストレスなく削れて効果の高い固定費を優先して減らしていこう

水道代

・節水シャワーヘッドを使う
・節水コマを利用する

無駄遣いの節約

カードの年会費 サブスクサービス

使っていないのに年会費を支払っているカードや、サブスク（定額制）のサービスがあれば解約する

固定費からひとつひとつ、順番にチェックして削減しましょう

※金額・プランは2021年8月4日時点のものです

変動費の節約

食費

・食品ロスを減らす
・外食の回数を減らす
・あえて買わない日を作る

交際費

・飲み会の二次会に参加しない
・自宅でパーティする

被服費

・安いものを買わない
・子ども服はメルカリを活用　など

5 「ラテマネー」に要注意！月の予算を立てなさい

ラテマネーをあなどるなかれ

（例）1杯500円のラテ

●ラテマネー

普段カフェやコンビニで購入するコーヒー代などのように、1回あたりの金額は少ない細かな支出のこと

もし節約できていたら
結構な貯蓄ができていたはず

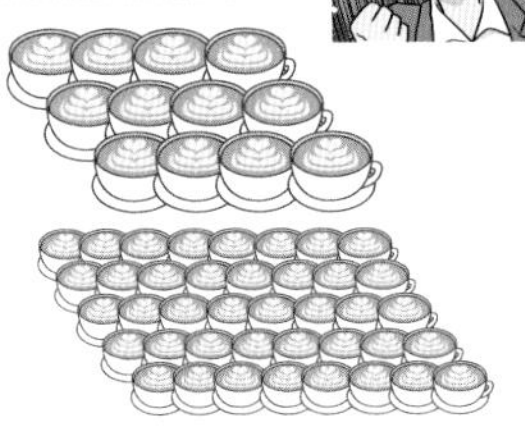

- 週3杯ずつ飲んだら…
  500円×3杯×4週＝毎月**6,000**円
- さらに1年間続けたら…
  6,000円×12カ月＝年間**7万2,000**円

➡細かな出費も積もれば大きな金額になる！

「月1万円」と予算を決めよう

●1万円の使い道（例）

【予算】

・コーヒー代	3,000円	・コンビニお菓子	2,000円
・自動販売機	1,000円	・アプリ課金	2,000円
・晩酌代	2,000円		

合計　1万円

何でもかんでもすべて我慢しなくても大丈夫。予算を決めて、その中で収めるようにすればOK！

コストを意識せずに買い物をしている人は、「ラテマネー」が多くなりがちです。

ラテマネーとは、カフェやコンビニでのコーヒー代のような、1回あたりの金額が少ない出費のことです。少額ゆえに見過ごされがちですが、チリも積もれば山。長いスパンで見ると結構な出費になっていることもしばしばです。

これを防ぐには、ラテマネーを予算化すること。予算を組み、その中で使えば、支出も把握できますし、使いすぎも防ぐことができます。

また、ラテマネーを減らすテクニックもいろいろあります。心当たりがある出費があれば、そこから改善しましょう。

ラテマネーを減らすテクニック

コンビニには寄らない

仕事帰りに特に用もないのにコンビニやドラッグストアに寄ってしまうと無駄遣いの原因に。帰り道にあるなら遠回りするくらいの覚悟で、寄らないようにしよう。

折り畳み傘を使う

急に雨に降られたときに買ったビニール傘が家にたくさんある方は要注意。1本500円程度とはいえ、折り畳み傘を持っていれば防げる支出。お金の貯まる人は天気予報を見て、折り畳み傘を用意している。

自動販売機は使わない

自販機のジュースはたいてい割高。スーパーなら80円程度のペットボトルが160円などで売られている場合もある。しかも、自動販売機からはレシートが出ないので、買ったことを忘れてしまいがち。スーパーを利用するか、マイボトルや会社のウォーターサーバーなどを活用して工夫を。

細かな出費を予算化すれば無意識での使いすぎを防ぐのに役立つ

ATMの手数料はNG

ATMの時間外手数料や、他行のATMを利用した際の手数料を支払うのはNG！ 110円を1回支払ったら、100万円を預けた場合の利子（金利0.001%）で取り返すのに11年かかる（税金考慮せず）。
面倒でも時間内に引き出す、1度にまとめて引き出すなど、手数料を絶対に支払わない仕組みを作ろう。

おかわりサービスを活用

カフェの中にはおかわりができるところも。節約に役立つ。

スターバックスコーヒー
購入時のレシートを持参するとドリップコーヒーが100円＋税
タリーズ
本日のコーヒー、アイスコーヒーの2杯目が140円＋税
星乃珈琲店
2杯目のコーヒーが半額になる
ミスタードーナツ
コーヒー、カフェオレを注文すればおかわりできる

スターバックスの無料チケット

スターバックスコーヒーを利用するなら「スターバックスリワード」がお得。グリーンスター、ゴールドスターを貯めることで、ドリンクが1杯無料になる「Reward eTicket」がもらえる。

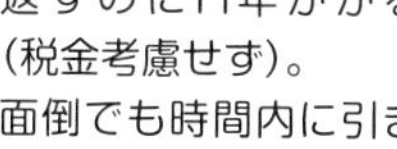

※スターは54円（税込）ごとに1つ

chapter 1

6 同じものなら安く！ 安く買える店、安い日をこれで管理しなさい

同じものはできるだけ安く買った方がお得とはいえ、あちこちの店を見て回るのは非効率ですし、時間の無駄です。そこで、あらかじめ安くなるタイミングをしっかり管理しましょう。

大手スーパーでは、割引やポイント還元の日が決まっています。これをGoogleカレンダーにまとめて入力しておけば、いつ、どの店が安いかが一目瞭然です。店舗によっては、不定期開催のビッグセールもあるので、時期をチェックしておきましょう。

ネットショッピングも使い方次第で安くできます。アウトレットやタイムセールの活用・受け取り方の工夫に努めましょう。

安い日をチェック！

店名	主な割引・還元内容	必要なカード
イオン	・5のつく日…ポイント2倍 ・10日…ポイント5倍 ・20日・30日…5%OFF	イオンカード（ポイント2倍・5倍は要クレカ払い。5%OFFは提示のみで割引）
イトーヨーカドー	・8のつく日…5%OFF	ナナコカード（要電子マネー払い） セブンカード（要クレカ払い）
西友	・店舗ごとに開催…5%OFF	セゾンカード（要クレカ払い）
ダイエー	・20日・30日…5%OFF	イオンカード（提示のみで割引）

この他にも、近所のスーパーやよく利用する店舗の割引内容や条件をチェックしておきましょう

チェックしたら…

Googleカレンダーで管理！

Googleカレンダー

Google LLC　アプリ無料

カレンダーに安い日の予定を入れ、前日に通知する設定をしておけば、安い日を忘れずに済みます

「毎月繰り返す」「第1土曜日」などと指定すれば、あとは自動的に入力されるので便利

年数回のビッグセールも見逃すな

ユニクロ「誕生感謝祭」

例年5月と11月に開催。特価品や新作が出回るほか、1万円以上の利用でもらえるノベルティも人気

無印良品「無印良品週間」

年5回、不定期開催。無印良品メンバー（アプリ・ネット・クレジットカード利用者）は10%引きで商品を購入できる

Amazon プライムデー／サイバーマンデー

プライムデーは夏（プライム会員のみ）、サイバーマンデーは冬に開催。いずれも、人気の商品やブランド品が大幅割引で購入できる

ファミリーセール

関係者・お得意様限定のバーゲン。定価の半額以下で購入できるケースもある

いずれも、人気の商品やブランド品などが大幅割引で購入できます
開催が直前までわからないため、予定を立てるのは難しいですが、時期が来たら「そろそろかも」とアンテナを立てておきましょう

メルカリは掘り出し物の宝庫！

メルカリ
メルカリ
アプリ無料

あまり使わない冠婚葬祭用品や使える時期が限られる子ども服などはメルカリで十分！
状態がいいのであれば、使用後にまた売ればさらに支出が減らせます

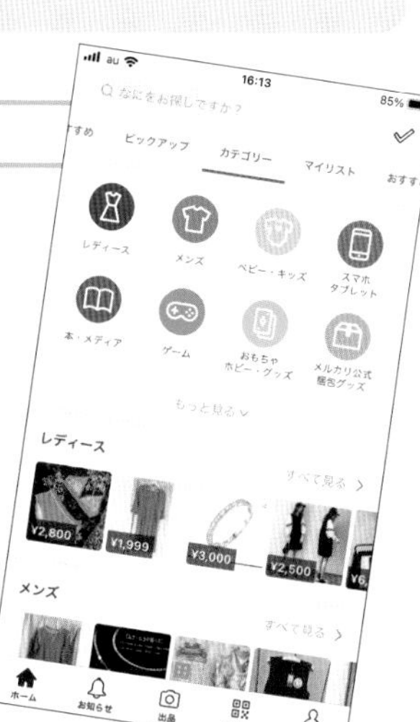

洋服、本、ゲーム、おもちゃなど、さまざまな出品物を購入可能。また、いらなくなったものを出品して売ることもできる

ネットで安く買う方法はまだまだある

●アウトレットを狙う

各ネットショップにはアウトレットコーナーを設けているところがある。驚きの安値で手に入る商品もある

価格.comアウトレット

店頭展示品や再生品、箱にキズがある製品だが、使用に問題のない家電製品を買うことができる

定価より数万円単位で安くなっているケースもあります。ときどきのぞいてみて、掘り出し物がないかチェック！

Amazonアウトレット

Amazonで取り扱いのある製品のアウトレット販売。食品や本、おもちゃなど幅広く扱いがある

楽天BRAND OUTLET

150ブランド以上のアウトレット商品を販売。スポーツ、ファッション系が豊富。

ヤマダアウトレット・リユース

大手家電量販店のアウトレット店舗にも注目。冷蔵庫や洗濯機などの白物家電が特に安い

●タイムセールを活用

Amazonや楽天では毎日タイムセールを開催している。欲しいものが安く手に入る可能性があるので要チェック

Amazonタイムセール

「特選タイムセール」は毎日開催。月1回程度の「タイムセール祭り」ではセール品が通常よりもたくさん登場する

楽天24時間限定タイムセール

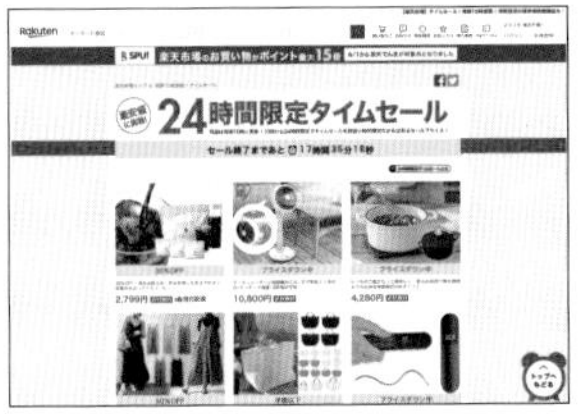

毎朝10時に商品が更新される。さらに、アプリページではアプリ限定のお得な商品も掲載されている。

定価の半額以下で購入できることも。「Amazon タイムセール」「楽天 タイムセール」で検索しよう

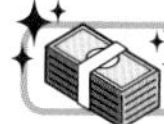

メーカー直販の激安もチェック

Apple「認定整備済製品」

店頭展示品や初期不良製品などを再度整備し、新品同様にして販売。新品同様の製品を特別価格で購入できる。しかも1年間の製品保証も受けられる

Canon「会員限定販売」

カメラ、プリンタ、アクセサリー、インク、用紙などを特別価格で購入可能。会員登録が必要だが、割引率が高い掘り出し物が見つかる場合もある

手間を省きながら、なるべく安く買える工夫をしよう

受け取り方も工夫せよ

Amazon「定期おトク便」

配達頻度を指定すると、定期的に届けてくれるだけでなく、割引が適用される。日用品など、普段使いするものを設定しよう

店舗受け取り

コンビニや宅配会社の営業所といった店舗で受け取るようにすると、送料を無料にできる

セブン-イレブン、ローソン、ファミリーマートといった大手コンビニのほか、宅配便のロッカーなども増えつつあります

汎用性もお得度も高いPayPay

●使える店舗がとても多い！

PayPayの加盟店数は300万店舗を突破。右にあげたチェーン店の他にも利用できるところがどんどん増えている。使える店舗が多いと便利なのはもちろん、ポイントをまとめて貯めるのに役立つ。

コンビニ	総合スーパー ディスカウントストア	ドラッグストア
セブン-イレブン デイリーヤマザキ ファミリーマート ミニストップ ローソン など	コモディイイダ イトーヨーカドー 東急ストア ベルク MrMax など	サンドラッグ ウエルシア スギ薬局 ドラッグストアセキ くすりの福太郎 など
家電量販店	**飲食店**	**その他店舗**
ヤマダ電機 ビックカメラ ソフマップ Joshin ケーズデンキ など	松屋 白木屋 ガスト 牛角 デニーズ など	メガネスーパー ビッグエコー H.I.S. TSUTAYA AOKI など

●還元率は条件を満たせば1.5%に

基本還元率：0.5%
・月30回（300円以上）かつ5万円利用：翌月+0.5%
・上記に加え、対象サービス利用かつプレミアム会員かつアカウント連携：翌月+0.5%

（お得な使い方の例）

銀行口座

ヤフーカード

チャージ

決済に利用

ソフトバンクユーザーなら日曜限定ながらPayPayモールの利用で最大20%還元。また、公共料金の支払いでもポイントがもらえる。

基本還元率	支払い方法	その他主な機能	出金の可否
0.5% （利用状況に応じて最大1.5%）	・銀行口座 ・クレジットカード（ヤフーカード） ・セブン銀行ATM ・携帯電話料金合算（ソフトバンク）など	・個人間送金 ・モバイルTカード ・ポイント投資 ・請求書払い ・PayPayモール ・PayPayフリマ　など	**可能** （手数料） ・PayPay銀行0円 ・その他100円

「ペイペイジャンボ」など、期間限定で還元率の高いキャンペーンもたびたび開催。タイミングよく使えばさらにお得です！

現金払いより間違いなくお得！スマホ決済はPayPayを使いなさい

スマホ決済は、使える場所が多いかが使い勝手の面で大切。

PayPayは、全国展開のチェーン店だけでなく、個人経営の店舗でも使えるところが多くあります。その上、公共料金の支払いでも0・5%の還元が受けられます。ですから、PayPayは使えるようにしましょう。

もうひとつスマホ決済を選ぶなら、利用しているサービスとの相性を重視しましょう。楽天市場など、楽天の各サービスをよく使うなら楽天ペイ、ドコモのスマホユーザーならd払い、auのスマホユーザーならau PAYといった具合です。それぞれのポイントをよりお得に貯められます。

四重取りもできる楽天ペイ

R Pay

楽天ポイントがどんどん貯まる

（お得な使い方の例）

楽天カード

チャージ

決済に利用

楽天カードからのチャージ払いで1.5%還元、楽天銀行、ラクマからのチャージで1%還元。さらに楽天ポイントカードの提示・別アプリの楽天チェックを併用することで楽天ポイントがどんどん貯まる。

基本還元率	支払い方法	その他主な機能	出金の可否
1.0% ※楽天グループの決済サービスを支払いに設定した場合	・楽天銀行の口座 ・楽天カード ・ラクマの売上金	・個人間送金	**対応予定** （手数料） ・楽天銀行 1万円以上：0円 1万円未満：100円 ・その他 210円

三重取りが簡単なd払い

ドコモユーザーへの恩恵が多い

（お得な使い方の例）

dカード

チャージ

決済に利用

d払い＋dカード＋dポイントカードでポイントの三重取りが可能。毎週金・土の「d曜日」はネットショッピングがお得。ドコモユーザーは「スーパー還元プログラム」で最大7%還元が得られる。

基本還元率	支払い方法	その他主な機能	出金の可否
0.5%（店舗） **1.0%**（ネット）	・銀行口座 ・クレジットカード ・セブン銀行ATM ・携帯電話料金合算（ドコモ）など	・個人間送金	**可能** （手数料） ・みずほ銀行（月1回のみ）110円 ・その他 220円

Pontaポイントが貯まるau PAY

「三太郎の日」が特にお得

（お得な使い方の例）

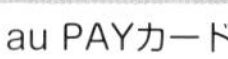
au PAYカード

チャージ

決済に利用

au PAYカードからチャージして使うと1.5%の還元。ローソンで使うと誰でも還元率4%、毎月3日・13日・23日の「三太郎の日」なら還元率7%となる。三太郎の日は月替わりでさまざまなキャンペーンを実施している。

基本還元率	支払い方法	その他主な機能	出金の可否
0.5%	・auじぶん銀行 ・クレジットカード ・セブン銀行ATM ・Pontaポイント ・auかんたん決済　など	・個人間送金 ・ポイント投資	**可能** （手数料） ・2万円未満の出金 220円 ・2万円以上の出金 出金額の1%

※2021年8月4日時点の情報をもとに作成

Point
PayPayはすぐ準備。加えて、よく使うサービスと相性のいいペイを選ぼう！

chapter 1

8 ポイ活は節約の超基本！「4大共通ポイント」はフル活用せよ

出費を減らすために活用したいのが「共通ポイント」。共通ポイントは、複数の異なる店舗で貯められるポイントです。同じポイントを集中して貯めれば、大きな買い物にも使いやすくなります。いわゆる「ポイ活」です。どの店で使えるのかを確認し、よく使う店舗でポイントが貯まるカードを用意しましょう。

ポイントは、会計時にポイントカードやアプリなどを提示するだけで貯められますが、ポイントを店舗で利用するときには、多くの場合利用登録が必要。ウェブサイトやアプリで忘れず手続きしましょう。

なお、ポイントを貯めるための買い物は無駄遣いになっては本末転倒。必要なものだけ買いましょう。

Pontaポイント	Tポイント
ローソン	ファミリーマート
髙島屋 大和 ライフ	マルエツ マミーマート
ケンタッキーフライドチキン、ココス、すき家、はま寿司、ビッグボーイ	吉野家、ガスト、夢庵、ジョナサン、から好し、牛角、ロッテリア、ステーキ宮
トモズ アメリカンファーマシー インクローバー	ウエルシア ハックドラッグ ハッピー・ドラッグ
au	ソフトバンク
出光 シェル	ENEOS オートバックス
JAL	ANA
au PAYマーケット じゃらんnet	Yahoo!ショッピング Yahoo!トラベル

※他にも多数の店舗・サービスと提携しています。最新情報は各社ウェブサイトでご確認ください

4大共通ポイントがたまる・使える主な店舗・サービス一覧

	dポイント	楽天ポイント
コンビニ	ローソン	ファミリーマート
スーパー・百貨店	髙島屋 東急ハンズ	大丸 松坂屋 東急ハンズ・東急ストア
飲食店	マクドナルド、モスバーガー、ミスタードーナツ、いきなりステーキ、かっぱ寿司、しゃぶ葉、ココス	マクドナルド、すき家、CoCo壱番屋、ミスタードーナツ、サンマルクカフェ、ガスト、くら寿司、プロント、ロイヤルホスト
ドラッグストア	キムラヤ マツモトキヨシ ココカラファイン	ツルハドラッグ サンドラッグ ココカラファイン
携帯会社	NTTドコモ	楽天モバイル
カーライフ	コスモ石油 ENEOS	出光 シェル
旅行・航空会社	JAL	ANA
ネットショップ	dカードポイントUPモール	楽天市場 楽天トラベル

店舗ではポイントカードを提示

dポイントカード・dカード・d払いの例

1.0%

dポイントカード

1.0%

dカード

チャージ

0.5%

決済に利用
d払い

合計**2.5**%
三重取りが
簡単に実現！

よく使うお店でポイントが貯められる
ポイントカードを用意しておこう

dポイントカードや楽天ポイントカード、Pontaポイントカードは、決済時に提示するだけでポイントが上乗せされていきます。店舗での利用時は提示を忘れずに！

chapter 1

9 カード払いでポイントもゲット！ 光熱費・税金・保険料はカードで払いなさい

カード払いでまとめよう

●主な支出の例

※金額は概算です

電気代	月7,000円
ガス代	月4,000円
保険料	月3,000円
自動車税	年3万円
スマホ代	月8,000円
ネット代	月6,000円
放送受信料	月2,000円

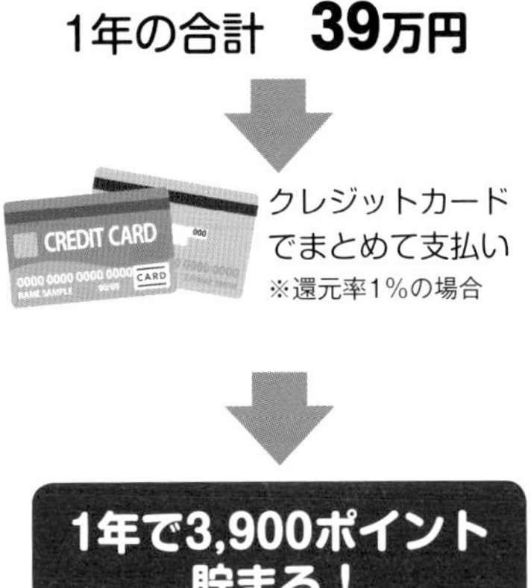

毎月、あるいは毎年決まって支払う費用は、クレジットカードで支払うようにすれば、ポイントが貯まる分お得です！　現金ではもらえないポイントを手に入れましょう

●利用明細表で家計管理

ご利用日			ご利用明細	ご利用金額
21	4	10	電気代	7,000
21	4	10	ガス代	4,000
21	4	15	保険料	3,000
21	4	20	自動車税	30,000
21	4	25	スマホ代	8,000
21	4	25	ネット代	6,000
21	4	27	放送受信料	2,000

何をいくら支払ったかが、一目瞭然！
郵送で届く場合とネットで確認する場合があります

クレジットカードのもっとも上手な使い方は、光熱費・税金・保険料など、毎月（毎年）決まってかかる費用をまとめて支払うことです。1枚のクレジットカードにそれらの支出を集約させれば、ポイントがたくさん貯まって使いやすくなります。

また、利用明細表を見れば何にいくら支払ったかがすぐにわかるため、家計管理にも役立ちます。

ただし、クレジットカード払いで不利になるケースもあるので、よく見極めましょう。

また、返済方式にも要注意。手数料がかかる分割払いやリボ払い（リボルビング払い）は絶対にダメ！

借金地獄に陥った人を何人も見てきています。

カード払いで安くならない場合に注意

税金…手数料の方が高くつくケースがある

納付税額	決済手数料（税抜）
1円～10,000円	76円
10,001円～20,000円	152円
20,001円～30,000円	228円
30,001円～40,000円	304円
40,001円～50,000円	380円

※以降、10,000円を超えるごとに決済手数料76円（税抜）が加算されます
「国税クレジットカードお支払サイト」より

たとえば、1万2,000円納付するのにかかる手数料は152円。それを1%還元のクレジットカードで支払っても、もらえるポイントは120ポイントなので、損をしてしまう場合がある

光熱費など…口座振替割引との兼ね合いに注意

月額利用料金	クレジットカードのポイント還元率 0.5%	クレジットカードのポイント還元率 1.0%
5,000円	25ポイント	50ポイント
5,500円	27ポイント	55ポイント
6,000円	30ポイント	60ポイント
7,000円	35ポイント	70ポイント
8,000円	40ポイント	80ポイント
9,000円	45ポイント	90ポイント
10,000円	50ポイント	100ポイント
11,000円	55ポイント	110ポイント
12,000円	60ポイント	120ポイント
13,000円	65ポイント	130ポイント

電気・ガス・水道料金の「口座振替割引」。たとえば、東京電力では毎月55円割引される。クレカ払いではこれがないため、55ポイント以上得られないと不利。一人暮らしなど、月額利用料金が少ない場合はかえって損になることがある

Point
ポイントもお金とほぼ同じ！
クレジットカードを使い倒して貯めよう

クレジットカードの返済方式と特徴

返済方式	手数料	特徴
一括払い	なし	毎月の利用額を、翌月の引落日に1回で返す方式
ボーナス一括払い	なし	夏や冬のボーナス時に1回で返す方式
2回払い	なし	毎月の利用額を、翌月と翌々月の引落日に分けて返す方式
分割払い	あり	利用額に手数料を上乗せした金額を、3回以上に分けて返す方式
リボ払い	あり	利用額ではなく、残高に応じて毎月一定額ずつ返す方式

（例）30万円の買い物をリボ払いで月1万円ずつ返済
➡返済回数40回、支払い総額 **39万9,463円**
※年利18%の場合の参考額

分割払いやリボ払いは手数料がかかるので使わないように！
特にリボ払いは、返済が終わらない借金地獄に陥る可能性があります

chapter 1

10 今すぐ乗り換え！格安プラン・格安スマホを使いなさい

格安プラン	格安スマホ		
Rakuten Mobile	UQ mobile	Y!mobile	BIGLOBE mobile
Rakuten UN-LIMIT VI	くりこしプラン＋5G	シンプルプランS/M/L	音声通話SIM
0円（〜1GB） 1,078円（〜3GB） 2,178円（〜20GB） 3,278円（無制限）	1,628円（〜3GB） 2,728円（〜15GB） 3,828円（〜25GB）	2,178円（〜3GB） 3,278円（〜15GB） 4,158円（〜25GB）	1,078円（〜1GB） 1,320円（〜3GB） 1,870円（〜6GB） 3,740円（〜12GB） 5,720円（〜20GB） 8,195円（〜30GB）
なし	翌月繰越	翌月繰越	翌月繰越 （1GBは2021年10月より）
無料 （Rakuten Link アプリ利用時）	1,870円 （24時間） 770円 （〜10分）	1,870円 （24時間） 770円 （〜10分）	660円 （〜3分） 913円 （〜10分）

格安プランは、大手キャリアがオンライン限定のサポートとシンプルな契約内容により割安な料金を設定した新ブランド。格安スマホは、格安プラン登場の前からあった低価格ブランドで、一部は大手キャリアの回線を借りて運営しているものもあります

スマホ代は大きく下げられる可能性がある固定費です。

2021年、NTTドコモ、au、ソフトバンクの3社が相次いで格安プランを発表。楽天モバイルもアップグレードを発表し、他の格安スマホも追随して話題になりました。大手キャリアを使っている方は、格安プラン・スマホに変えるだけでスマホ代を月数千円単位で削れます。

大手の展開する経済圏を有効活用できるなら、格安プランに乗り換えるのがおすすめ。ただ、ahamo・povo・LINEMOの3サービスはオンラインでしか申し込み・サポートが受けられません。それが心配であれば、楽天モバイルや格安スマホを利用するのがいいでしょう。

主な格安プラン・格安スマホのプラン比較表

	格安プラン		
ブランド	ahamo	povo	LINEMO
プラン名	ahamo	povo	ミニプラン スマホプラン
データ容量・価格	2,970円 (～20GB)	2,728円 (～20GB)	ミニプラン 990円（～3GB） スマホプラン 2,728円（～20GB）
データ繰越	なし	なし	なし
かけ放題（別途費用）	無料（～5分）	1,650円 (24時間) 550円 (～5分)	1,650円 (24時間) 550円 (～5分・2年目以降)
備考	オンライン申し込み	オンライン申し込み	オンライン申し込み LINEは容量対象外

※価格は税込。各社の割引・キャンペーン・手数料は考慮していない
※音声通話はかけ放題でない場合、22円/30秒
2021年7月26日時点

大手キャリアのプランは割高に見えます…

NTTドコモ
ギガライト2（3GB）
4,565円

au
ピタットプラン4G LTE（4GB）
5,115円

ソフトバンク
ミニフィットプラン+（～3GB）
5,478円

データ量が多くて安い格安プラン・格安スマホを使いましょう！

大手キャリアが相次いでスタート！ 格安プラン

ahamo

NTTドコモの格安プラン。データ容量20GB＋5分かけ放題のワンプライス。スタート1カ月で100万契約突破

povo

auの格安プラン。データ容量20GBに加えて、使い方に合わせてかけ放題やデータ容量をトッピングできる

LINEMO

ソフトバンクの格安プラン。LINEトーク・音声・ビデオ通話がデータ容量の対象外なので、好きなだけ使える

Rakuten UN-LIMIT VI

楽天モバイルのプラン。毎月の利用容量に応じて段階的に料金が上がる。1GB未満の場合はなんと0円

◎ 格安プランのメリット

- これまでの大手のプランより料金が安い
- 料金体系がシンプルでわかりやすい

✕ 格安プランのデメリット

- 実店舗や電話でのサポートが受けられない
- キャリアメールが利用できない
- 細かい条件・制約がある

格安プランより安いプランも！ 格安スマホ

UQ mobile

auのサブブランド。データ容量を3プランから選べて、翌月に繰り越せる。5Gにも対応

Y!mobile

ソフトバンクのサブブランド。回線品質に定評あり。「スーパーだれとでも定額」で24時間通話し放題になる

BIGLOBE

「エンタメフリー・オプション」を利用すると、YouTubeやSpotifyなど21サービスがデータ消費なしで使える

◎ 格安スマホのメリット

- 契約によっては格安プランより安くできる
- 実店舗・電話でのサポートがある

✕ 格安スマホのデメリット

- かけ放題のオプションが少し高め
- 通信の質が安定しない場合もある

各サービスにはそれぞれちょっとした違いがあります

スマホ変更時のチェックポイント

❶経済圏が利用できる？

各社のスマホを使うことでポイントがお得に使える「経済圏」の効率がよくなるサービスを優先して使おう

❷自分で設定できる？

ahamo・povo・LINEMOは、いずれもオンラインで設定。電話や店舗でも相談できないので操作が苦手な人は注意

❸家族割などの割引もチェック

複数回線契約しているときの家族割が無効になり、割高になるケースもある。家族みんなで契約している場合は注意

結論

格安プランがおすすめの人

- 経済圏を活用している人
- 申し込みからサポートまでオンライン限定でもOKな人

格安スマホがおすすめの人

- 経済圏を利用していないが通信費を下げたい人
- 実店舗や電話でのサポートが欲しい人

通信費を半額以下にできるケースも！自分の用途に合わせて選ぼう

おすすめ第1位はUQ mobile

動画視聴が少ない単身者が安く使うなら店舗・電話でのサポートも受けられる「くりこしプランS+5G」。月額1,628円と格安プランよりも出費を抑えられる。データ量が余った場合は翌月に持ち越せるので、在宅時間の長い人にも便利。**UQ mobileは通信の質も問題ない。**

プラン例（くりこしプランS＋5G）

データ容量	国内通話料	月額料金	その他主なサービス
～3GB	22円/30秒	1,628円	・自宅セット割（対象のインターネットサービスまたはでんきサービス利用で月638円引き） ・国内通話10分以内かけ放題（月770円）　など

2021年7月26日時点

11 チリツモはリッチの源！クーポンは「スマホでゲット」が常識

マイクロソフトの創業者、ビル・ゲイツ氏もファストフード店で割引クーポンを使うそうです。同じものなら少しでも安い方がいいのは、大富豪も私たちも同じです。

今はスマホで簡単にクーポンが手に入りますので、買い物前にチェックしましょう。LINE、スマートニュース、グノシーなどのアプリには、さまざまなチェーン店の割引クーポンが配信されています。

また、各店の公式アプリにも注目です。欲しいものの割引クーポンがないかどうか、確認するクセをつけましょう。

たとえ50円割引でも、10回なら500円。チリツモでリッチになりましょう。

LINEもクーポンの宝庫

LINE
LINE
アプリ無料

LINEを起動し、右下の「ウォレット」→「クーポン」とタップすると「LINEクーポン」が開く

チェーン店の一覧
タップするとその店のクーポンが表示される

クーポンのジャンル
タップするとそのジャンルのクーポンが表示される

使いたいクーポンを見つけたらタップ

「クーポンをつかう」をタップすると、番号が表示される。注文時に、お店の人に番号を伝えると、クーポンを使える

クーポンのある主な店舗

コンビニ	ローソン、ローソン100、ファミリーマート
ファストフード	ロッテリア、吉野家、築地銀だこ など
ドラッグストア	サンドラッグ、ココカラファイン など
スーパー	ライフ、いなげや など
レストラン	デニーズ、夢庵、ガスト、日高屋 など
その他	土間土間、上島珈琲店、ビッグエコー など

「LINEクーポン」を友達登録しておくと、クーポンを日々配信してくれます

ニュースアプリにもクーポンが！

スマートニュース

スマートニュース
アプリ無料

不定期ながら抽選で無料クーポンが当たることもあります

アプリを起動し、上の「クーポン」のタブをタップ

クーポンのある主な店舗

コンビニ	ローソン、ローソン100、ファミリーマート
ファストフード	マクドナルド、モスバーガー、ケンタッキーフライドチキン など
スーパー	イオンスタイル
レストラン	ガスト、バーミヤン、しゃぶ葉、ビッグボーイ など
その他	牛角、ドミノ・ピザ、串家物語、牛庵 など

無料クーポンが多い印象。ネットショッピングのクーポンもあります

グノシー

Gunosy
アプリ無料

アプリを起動し、上の「クーポン」のタブをタップ

クーポンのある主な店舗

コンビニ	ローソン、ローソン100
ファストフード	モスバーガー、バーガーキング、ファーストキッチン など
ドラッグストア	ココカラファイン、サンドラッグ
レストラン	ジョナサン、デニーズ、ステーキガスト、ステーキのどん など
その他	PayPayフリマ、HMV、ニッセン、ゲオ など

Point

お店に行く前にスマホでクーポンがないか探すクセをつけよう

公式アプリにも注目

ファストフード	マクドナルド、ロッテリア、モスバーガー、バーガーキング、ケンタッキー など
レストラン	吉野家、松屋、すかいらーく、餃子の王将、牛角、丸亀製麺、はなまるうどん など
その他	コンビニ：セブン-イレブン、ローソン、ファミリーマート／居酒屋：モンテローザ／出前：ドミノ・ピザ／自販機：コカ・コーラ、ダイドー など

よく行くお店のアプリはダウンロードしておきましょう。思わぬお得があるかも？

chapter 1

12

ふるさと納税はフル活用するのを常識にしなさい

ふるさと納税は、応援したい自治体に寄附することで、実質2000円の自己負担でさまざまな返礼品を受け取れる制度です。2000円を超えた分は、寄附金控除によって所得から差し引くことで、税金を安くできます。

寄附金控除の上限金額は人により違うので要チェック。上限まで寄附した方がたくさん申し込めるのでお得です。

申し込み後、返礼品と寄附金の受領書が届いたら、寄附金控除の手続きをしましょう。

ふるさと納税の返礼品のおすすめは日用品や日持ちする食品など。もらえば買わずに済むため、生活費を抑えることができます。

ふるさと納税の3つのメリット

1 寄附して節税 返礼品も魅力

何と言っても返礼品が魅力。好きなところに寄附して返礼品をもらえるうえ、税金も安くできる

2 寄附金の使い道を選べる

子育て、医療、農業など、自分の寄附金を生かしたい分野を選んで、自治体に有意義に貢献できる

3 ポイントにできる自治体も

寄附金をポイントにして繰り越せる自治体も。ポイントを貯めて、より高額な返礼品を目指せる

ふるさと納税の3ステップ

1 自治体を選んで寄附する

寄附したい自治体・受け取りたい返礼品を選んで寄附する。「ふるさとチョイス」「さとふる」などのサイトを利用すると検索から申し込みまでできて便利

2 返礼品と寄附金の受領書を受け取る

自治体から返礼品が届く。特定事業者（ふるさと納税サイト）から「寄付金控除に関する証明書」が届くので保管しておこう

3 寄附金控除の手続きをする

寄附金控除に関する証明書を添えて確定申告するのが基本。「ワンストップ特例」が利用できる場合は、確定申告せずに控除手続き可能

上限まで寄附しよう!

2,000円の負担で済む上限額は年収や家族構成によって異なる。サイトで試算できるので上限を確認。できるだけ上限額いっぱいまで使い切るのがおすすめ

（例）上限3万円の場合

○ 3万円ぴったり寄附
➡2,000円負担で3万円分申し込める

× 1万円寄附
➡2,000円負担で1万円分に…

おすすめは「日用品」「日持ちする食品」

Point

日用品や日持ちする食品をもらって生活費を抑えよう

高価な肉や魚、果物などは確かに魅力ですが、ふるさと納税がなければ買わないものばかり買っても支出は抑えられません。家計を抑えるなら日用品をもらった方がずっと得。たとえば1万円以下の寄附でも、こんなものがもらえます！

●ティッシュペーパー

栃木県小山市　おやまくま春夏秋冬ティッシュ（ボックスティッシュ5個×12セット）

寄附金額
10,000円

小山市のゆるキャラ「おやまくま」が描かれたティッシュ

●トイレットペーパー

大阪府泉南市
トイレットペーパー
（個包装48ロール）

寄附金額
5,000円

花柄の包装紙がかわいいトイレットペーパー。100%リサイクル

●衣類用洗剤

和歌山県和歌山市
花王 アタックZEROギフト
（本体1本・つめかえ用5袋）

寄附金額
10,000円

落ちにくい汚れ・生乾き臭・洗剤残りゼロを目指した花王の洗剤

●お米

佐賀県上峰町 令和3年度産さがびより10kg（5kg×2袋）

寄附金額
10,000円

佐賀県が10年かけて開発したブランド米。寄附1万円で10kgはお得

●調味料

大分県臼杵市　カニ印手詰め味噌（白・赤・ミックス、計3kg）

寄附金額 **5,000円**

1600年創業の老舗の合わせ味噌。赤みそは無添加製造のこだわり

●水

静岡県伊豆の国市
プレミアム伊豆の天然水29
（2L×18本）

寄附金額
9,000円

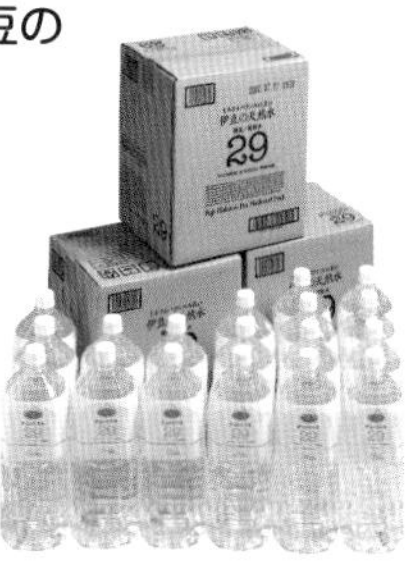

伊豆の国市の湧き水をその場でボトリング。災害時の貯蔵にも

※返礼品の内容は予告なく変更になる場合があります。詳しくは各自治体にお問い合わせください

column 1

本当に怖い借金&ローンの正体

情弱は企業の養分！ リボ払いは絶対にやめなさい

手軽な借金は高くつく

「給料日までピンチ！ でも、○○なら即日審査でお金がすぐに借りられる！」

テレビやYouTubeなどで、そんなCMを見たことがあるでしょう。銀行やクレジットカード会社、消費者金融などからは、お金を借りることができます。

確かに、いざというときにお金が借りられたら安心かもしれません。しかし、安易にカードローンやキャッシング、さらには（1章9）で紹介したリボ払いなどに手を出すと、お金はどんどん減っていきます。なぜなら、ひとえに金利が高いからです。

これらの借金をしたときの金利は、年15〜18％にもなります。みなさんが銀行に預ける際の金利は年0.001％などですから、文字どおり桁が違うのです。

「隠れリボ払い」サービスに要注意！

リボ払いは一見毎月の返済額を一定にできてよさそうですが、利用残高全体に金利手数料がかかる仕組みですので、完済までの総支払額は莫大になります。その上、支払いが終わる時期が見えにくいのです。絶対にすべきではありません。

しかし、サービスの中には、本当はリボ払いなのに、リボ払いだと思わせないような名前にしている「隠れリボ払い」もあるのです。

たとえば、JCBカード「支払い名人」、au PAYカード「楽Pay」などは、一見しただけではリボ払いに見えませんが、実はリボ払いです。また、メルカリで利用できるメルペイの「定額払い」もリボ払いのひとつ。

隠れリボ払いには、リボ払いだと気づかずに利用してしまう危険性が潜んでいます。こうしたサービスは、絶対に使うべきではありません。

毎月少額の返済と利息のせいで元本が減りにくい！ この例の総支払額は約37万8,000円に…

リボ払いの返済が終わらないワケ

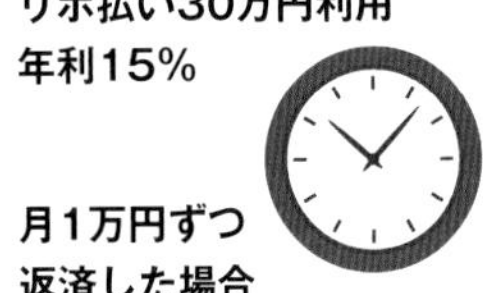

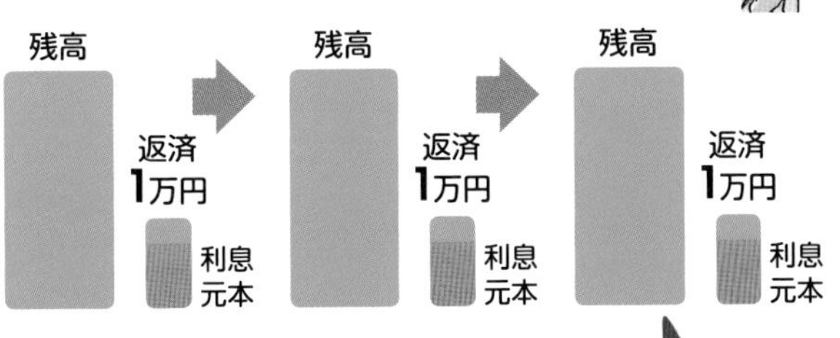

知らず知らずのうちに利用しないよう気をつけよう！

chapter 2

第2章

コスパ重視で銀行、保険、クレカを選びなさい

目標マネー偏差値 45

銀行や保険、クレジットカードをまったく使わないという人は、まずいないはず。でも、それぞれかなりコストパフォーマンスが違うということはご存じでしたか？　なんとなく惰性で使っていたり、コストを気にしていなかったりしているとかなり損をしているかも？

この章でわかること

- ☑ ATM利用料など、銀行のコスパはかなり異なる
- ☑ 保険、クレジットカードは絞り込むのが大事！

ちょっと前の常識は、いまや非常識。銀行、保険、クレジットカードはコスパで選ぶ時代です

もったいない…！
ATM

…せっかく貯金を始めたのに昼休みのうちに現金をおろさないとでも引き出すたびに手数料がかかるなんて〜〜〜〜〜！
うごご…
銀行を見直すと『ムダな支出』が減りますよ？

頼藤さん！
近くに来たから涼太とランチを食べようと思って
ATM

お得なランチを始めたなじみの肉バルに行こうかと…高山さんも一緒にどうですか？
肉大好きっ！
行きます！行かせてください！

大手銀行も手数料なしでATMを利用できる時間帯があったりしますが…ネット銀行の方がATMでの入出金手数料や振り込み手数料が安くなることが多いです
ローソン銀行
?

給料などが大手銀行の口座に振り込まれるとしても
このpringというアプリを使えば無料で他の銀行口座に移せます
pring
そんなアプリがあるんですか!?

でもできるだけキャッシュレスで生活した方がいいと思います

現金払いだろうがクレジットカード払いだろうが電子マネーだろうがスマホ決済だろうが…節約できるか無駄遣いするかは仕組みを作れるかどうかです

Pi

確かに…キャッシュレスの方が家計管理しやすかったりポイントがもらえたりしますしね

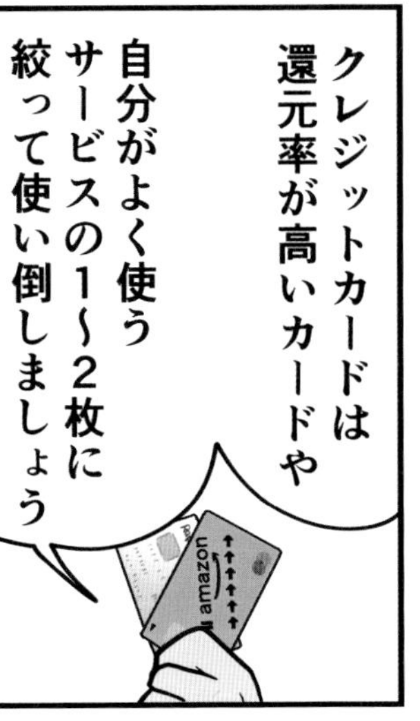

クレジットカードは還元率が高いカードや自分がよく使うサービスの1～2枚に絞って使い倒しましょう
amazon

カードを絞った方がポイントも貯まりやすいですもんね
ポイントにはお金同然の価値があります
貯められるだけ貯めましょう

そこまで意識を高めれば『マネー偏差値』も上がります
そういえば次にお会いしたときに聞こうと思ってたんですけど…

生命保険はどうすればいいですか？入れば確実に支出が増えますが…
あんしんプラン
健康な人ほどおトク！！
ほけん

民間保険に入っていなくても…高山さんはすでに公的保険（社会保険）には入っています…
ランチセットお待たせいたしましたー
でかっ！

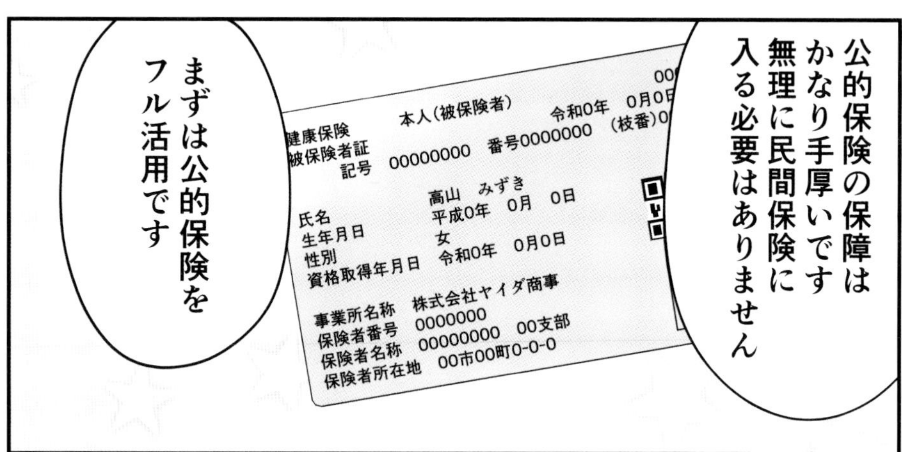
公的保険の保障はかなり手厚いです無理に民間保険に入る必要はありません
まずは公的保険をフル活用です
健康保険
被保険者証
本人(被保険者)
令和0年　0月0日
記号　00000000　番号0000000　(枝番)
氏名
生年月日
性別
資格取得年月日
高山　みずき
平成0年　0月　0日
女
令和0年　0月0日
事業所名称　株式会社ヤイダ商事
保険者番号　0000000
保険者名称　00000000　00支部
保険者所在地　00市00町0-0-0

民間保険はがん保険に入るぐらいでも
フンフン
がん保険ですか…
ガツガツ
…うっ!

に!
にくがっ
詰まっ…!!
ゲッホ
ゴッホ
ゴホッ
もー
がっついて食べるからぁ…『食事保険』に入ったらどうですか〜?
あるかな?そんな保険…

chapter 2

1

まだ「安心だから」大手銀行？ ATMは無料で使わないともったいない

手数料を払うのはもったいない！

（例）普通預金に100万円預けている人が時間外にATMからお金を引き出した場合

利息

1年預けて10円

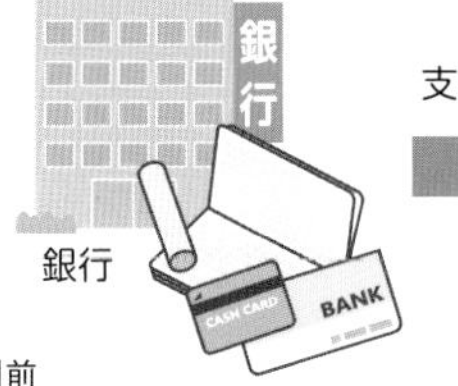

時間外の
引き出し手数料

1回で110円

※金利年0.001％の場合。税引前

たった1回で11年分の利息が吹き飛ぶ！

手数料は入出金も振込もネット銀行の方が安く便利。大手銀行は給与受取口座として使わざるを得ない方以外は不要でしょう。どうしても大手銀行を使う場合は、左の表を参考に0円の時間帯にのみ使いましょう。

コンビニATMを活用しよう

セブン銀行ATM

ローソン銀行ATM

イーネット ATM・ゆうちょ銀行ATM

コンビニATMでも0円で使える時間帯があります

※ミニストップにはイオン銀行ATMがあります。イオン銀行についてはP58で紹介します

現金を出し入れしたり、お金を振り込んだりする際に使うATMの利用手数料は、実は銀行ごとに細かく異なります。これを気にせずにATMを利用すると、手数料がどんどん取られてしまいます。

　大手銀行でも、無料で使える時間帯があるのですが、時間外になると割高です。はっきりいって、58ページで紹介するネット銀行の方が安くて便利。大手銀行の優位性はほとんどないのが現状です。「安心だから」無理して使うという時代は終わりました。

　どうしても大手銀行を使う場合は、手数料無料のタイミングで利用しましょう。コンビニのATMで0円で引き出せるとより便利です。

大手銀行のATM手数料（最安値）

銀行	引き出し 預け入れ	同行宛振込 （同一支店宛/他店宛）	他行宛振込
三菱UFJ銀行	**0円** 平日・土日祝 8時45分～21時 （その他の時間は110円）	**0円/110円** 平日・土日祝8時45分～21時 （その他の時間は110～220円）	**275円** 平日・土日祝8時45分～21時 （その他の時間は385円） ※2021年10月1日より209円 （その他の時間は319円）
三井住友銀行	**0円** 平日8時45分～18時 毎月25日・26日終日 ※預け入れは常に0円 （その他の時間は110円）	**0円/110円**	**220円** ※2021年11月1日より165円
みずほ銀行	**0円** 平日8時45分～18時 （その他の時間は110～220円）	**220円** 平日8時45分～18時 （その他の時間は330～440円）	**330円** 平日8時45分～18時 （その他の時間は440～550円） ※2021年10月1日より270円 （その他の時間は380～490円）
ゆうちょ銀行	**0円**	**125円** （5万円未満）	**220円** （5万円未満）

コンビニATMの他行引き出し手数料（最安値）

銀行	セブン銀行ATM	ローソン銀行ATM	イーネットATM	ゆうちょ銀行ATM（ファミリーマート設置）
三菱UFJ銀行	**0円** 毎月25日と月末 8時45分～18時 （その他の時間は110～330円）	**0円** 毎月25日と月末 8時45分～18時 （その他の時間は110～330円）	**0円** 毎月25日と月末 8時45分～18時 （その他の時間は110～308円）	**0円** 毎月25日と月末 平日8時45分～18時 土9時～14時 （その他の時間は110～308円）
三井住友銀行	**0円** 毎月25・26日 平日8時45分～18時 （その他の時間は110～330円）	**0円** 毎月25・26日 平日8時45分～18時 （その他の時間は110～330円）	**0円** 毎月25・26日 平日8時45分～18時 （その他の時間は110～330円）	**110円** 平日8時45分～18時 （その他の時間は220円）
みずほ銀行	**110円** 平日8時45分～18時 （その他の時間は220円）	**110円** 平日8時45分～18時 （その他の時間は220円）	**110円** 平日8時45分～18時 （その他の時間は220円）	**110円** 平日8時45分～18時 （その他の時間は220円）
ゆうちょ銀行	**110円** 平日8時45分～18時 土9時～14時 （その他の時間は220円）	**110円** 平日8時45分～18時 土9時～14時 （その他の時間は220円）	**0円** 平日8時45分～18時 土9時～14時 （その他の時間は220円）	**0円** ※2022年1月17日からは 平日8時45分～18時 土9時～14時 （その他の時間は110円）

※手数料は税込
※振込手数料はATM利用手数料＋振込手数料の合計額。
断りがない限り3万円未満の振込時の手数料

※2021年8月4日時点

現金の引き出し・預け入れ・振込に
なるべく余計な手数料をかけないこと！

chapter 2

2

入出金無料や振込無料が魅力! 新規口座はネット銀行で開きなさい

イオン銀行	住信SBIネット銀行	楽天銀行
利用不可	出金・入金 ランクに応じて 月2~20回無料	出金・入金:220~275円 ※ステージに応じて月1~7回無料、入金は3万円以上の場合無料
出金・入金 ステージに応じて 月5回まで無料		
出金:無料 入金:無料		
無料	無料	無料
220円 ※ステージに応じて 月5回まで無料	ランクに応じて 月1~20回無料	3万円未満:168円 3万円以上:262円 ※ステージに応じて 月3回まで無料
年0.001% ※ステージに応じて 最大年0.1%	年0.001% ※口座連携で年0.01%	年0.02% ※口座連携で年0.1%

※2021年8月4日時点

ネット銀行の入出金手数料やネット振込手数料は利用状況に応じて複数回無料にできてお得。イオン銀行や楽天銀行では条件を満たすと金利が年0.1%までアップします

ミニストップが近いなら超便利!

無条件で入出金が月2回無料

楽天会員なら無料にしやすい

少なくとも1回は無料にできる

金利アップもうれしい(詳しくはP60)

大手銀行よりもサービスが充実してきているのが、ネット銀行です。ネット銀行の多くは店舗を持たず、取引の大部分(すべて)をネット上で行うことができます。

ネット銀行で現金を入出金する際にはコンビニのATMが便利。大手銀行よりも総じて安く、時間を問わず無料にすることも可能。ネットでの振込手数料も、取引状況に応じて複数回無料にできます。

給与を大手銀行で受け取ることにしたとしても、ネット銀行に資金を移して活用した方がお得になるでしょう。

銀行間でのお金を移動する際は、「pring」(プリン)を利用すると無料にできてお得です。

主なネット銀行の入出金手数料・ネット振込手数料一覧

		新生銀行	東京スター銀行
入出金手数料	セブン銀行ATM ローソン銀行ATM ファミリーマートATM（E-net） ファミリーマートATM（ゆうちょ銀行） ミニストップATM（イオン銀行）	出金：110円 ※ステージに応じて無料 入金：無料 預金残高100万円、または月1万円以上の積み立てなど、条件が少し厳しいが、満たすことができれば完全に無料に	出金：月8回まで実質無料 入金：無料 ATM手数料が最大で月1,760円までキャッシュバックされる ※入金はセブン銀行ATMとファミリーマートATM（ゆうちょ銀行）のみ
ネット振込手数料	自行宛	無料	無料
	他行宛	ステージに応じて月1～10回無料 少なくとも1回は無料にできる	330円 ※口座取引明細書を「郵送しない」設定で月3回まで実質無料
普通預金金利（詳しくはP78）		年0.001%	年0.001% ※給与、年金受け取りにすると年0.1%

※手数料は税込、金融機関により利用できない時間帯がある

資金移動できるアプリも便利

pring（プリン）
pring　アプリ無料

主な対応金融機関
・三菱UFJ銀行
・ゆうちょ銀行
・みずほ銀行
・三井住友銀行
・りそな銀行
・住信SBIネット銀行
・楽天銀行
・イオン銀行　など

複数の口座間のお金を無料で移動できる！　米Googleによる買収でさらなるサービス拡充にも期待

大手銀行よりはるかに高コスパ！
ネット銀行を選んで使おう

3 ネット銀行をフル活用して金利も手数料もお得にしなさい

楽天銀行は少しの工夫でよりお得に！

●ハッピープログラム

楽天銀行の優待プログラム。残高または取引件数に応じてステージが決まり、手数料やポイントの優遇が受けられる。要エントリー

会員ステージの条件

毎月25日終了時点の残高または取引件数でステージが決定。高い方のステージが適用される

ステージ	残高	取引件数	ATM無料回数	他行振込無料回数	楽天ポイント
スーパーVIP	300万円以上	30件以上	月7回	月3回	3倍
VIP	100万円以上	20件以上	月5回	月3回	3倍
プレミアム	50万円以上	10件以上	月2回	月2回	2倍
アドバンスト	10万円以上	5件以上	月1回	月1回	1倍
ベーシック	ー	ー	ー	ー	1倍

「取引件数」にカウントされる主な取引

・他行からの振込
・他行宛の振込
・給与・賞与・年金の受け取り
・自動引き落としの口座振替
・ATMでの入出金　など

※すべて「1件」とカウント

入出金や振込だけでなく、公共料金などの自動引き落としに設定すればランクを上げやすい！

●マネーブリッジ

楽天銀行の口座と楽天証券の口座を連携させることで、口座間のお金の移動をしやすくする機能。利用には楽天銀行・楽天証券両方の口座が必要

楽天銀行 ⇄ Rakuten 楽天証券

楽天銀行　楽天証券

普通預金金利
年0.02%→年0.10%

設定するだけで優遇金利が適用されてお得に

ネット銀行の入出金手数料や振込手数料は、条件を満たすと無料で利用できる回数が増えたり、普通預金の金利が上乗せされたりしてお得です。

楽天銀行では毎月の口座の残高または取引件数に応じてステージが決定。上のステージほど便利に使えるようになります。また、銀行と証券会社の口座を連携するだけで、金利もアップします（イオン銀行や住信SBIネット銀行でも同様にお得にできます）。

たとえば、楽天銀行に公共料金の引き落としを設定すれば、取引件数のカウントと口座引き落としの割引が同時に受けられて一石二鳥。引き落としも賢く選びましょう。

イオン銀行はスコアを貯めて金利アップ

●イオン銀行Myステージ

イオン銀行との対象取引の利用に応じて貯まる「イオン銀行スコア」でステージが決定。金利アップ・手数料無料回数増などの特典が受けられる

会員ステージの条件

	ブロンズステージ	シルバーステージ	ゴールドステージ	プラチナステージ
普通預金適用金利（2021年8月21日時点・税引前）	年0.01%	年0.03%	年0.05%	年0.10%
他行ATM入出金利用手数料無料回数	月1回	月2回	月3回	月5回
他行宛振込手数料無料回数 ※一部対象外の取引あり	0回	月1回	月3回	月5回
必要なイオン銀行スコア	20点以上	50点以上	100点以上	150点以上

「イオン銀行スコア」にカウントされる主な取引

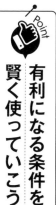

- イオンカードセレクトの契約　10点
- ネットバンキングの登録　30点
- 投信自動積立の口座振替　30点
- NISA口座開設　30点
- 住宅ローンの残高　30点　など

たとえば、左の「イオンカードセレクトの契約」から「NISA口座開設」までの4つを行うだけで簡単にゴールドに。

有利になる条件を確認して、賢く使っていこう

住信SBIネット銀行も口座連携がおすすめ

●SBIハイブリッド預金

住信SBIネット銀行

SBI証券

住信SBIネット銀行の口座とSBI証券の口座を連携させることで、口座間のお金の移動をしやすくする機能

普通預金金利
年0.001%→年0.01%

楽天銀行・イオン銀行より金利は低いが設定するだけで10倍になるのでお得

口座引き落としで安くなる

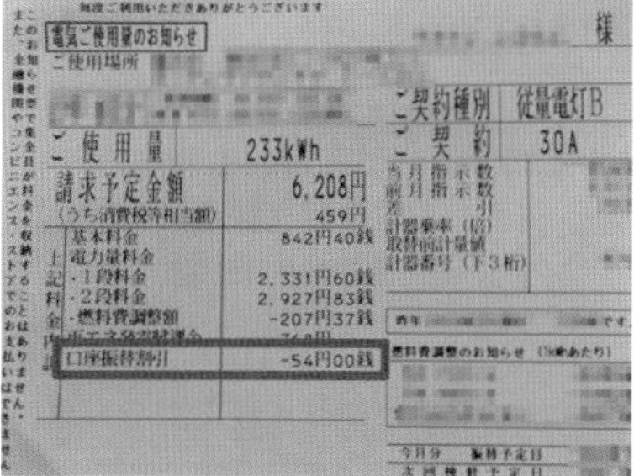

電気代は口座引き落としで毎月55円（税込）割引してくれる地域が多くあります。同様に、ガス代や水道代も安くなる場合があるのでチェック

※クレジットカード払いの方が有利になるケースも。詳しくは（P40）をご覧ください

chapter 2

4 保険はこのときだけ必要！保険はこれだけ入りなさい

公的保険と私的保険

●公的保険（社会保険）

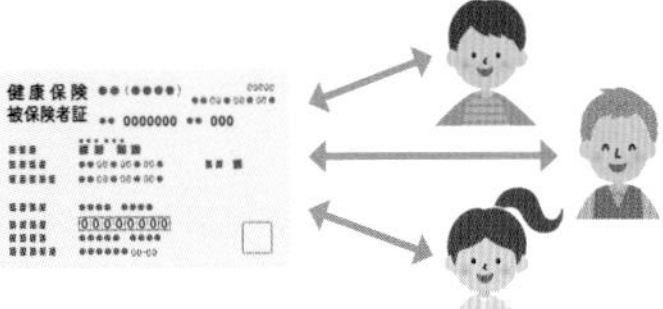

国や自治体が運営する保険。誰もが強制的に加入する。保険料や給付内容は決まっている

●私的保険（民間保険）

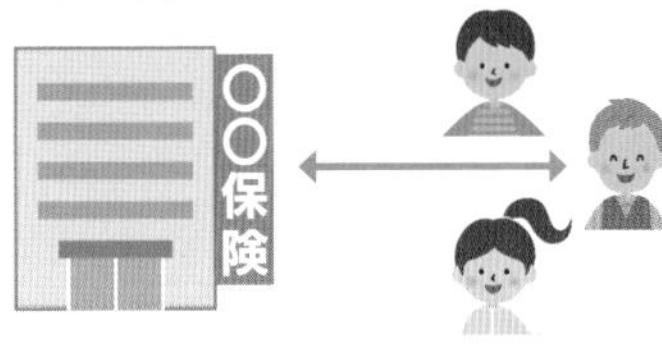

民間の保険会社が運営する保険。加入は任意。保険料や保障の内容は人それぞれ異なる

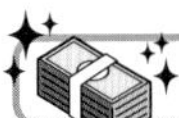

生命保険のいろいろ

死亡保険
亡くなったときの保障
- 終身保険
- 定期保険
- 収入保障保険　など

医療保険
入院・手術を保障
- 医療保険
- がん保険
- 三大疾病保険　など

就業不能保険
仕事ができないときの生活費を保障
- 就業不能保険
- 所得補償保険

介護保険
介護が必要なときの保障
- 介護保険
- 終身保険

個人年金保険
老後資金の保障
- 個人年金保険
- 養老保険

学資保険
教育費の保障
- 学資保険
- 低解約返戻金型終身保険

保険には、公的保険と私的保険があります。公的保険は誰もが加入する保険、私的保険は任意加入の保険です。

私的保険には、実にいろいろな種類があります。しかし、その多くは不要なものです。

保険は「もしそれが起こったときに経済的損失の大きな問題」に備えること。たとえば、独身であれば死亡保障はいらないですし、経済的損失が少ない問題ならば、貯蓄で解決すればいいのです。

また、公的保険による保障は意外と手厚く、充実しています。「これらの制度を活用してもお金が足りない」という問題を解決できる保険だけ、加入を検討しましょう。

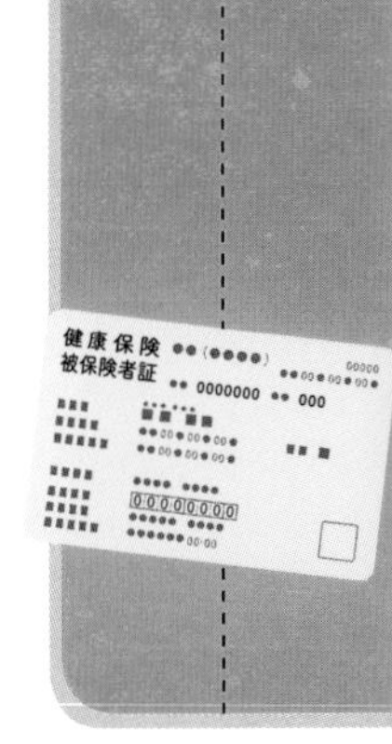

公的保険の保障は充実している

●高額療養費制度　1カ月の医療費が一定額を超えたとき、超えた分のお金が戻ってくる制度

（例）1カ月に100万円の医療費がかかった場合　※年収が約370万～770万円の人の場合

窓口負担 30万円	健康保険　70万円

自己負担限度額 8万7,430円	高額療養費制度で払い戻される金額 21万2,570円

たとえ100万円かかっても、負担はわずか8万7,430円で済みます！

※対象外となる費用もあります

- 入院中の食事代
- 入院中の差額ベッド代
- 入院中の生活費
- 先進医療費　など

●傷病手当金　ケガや病気で仕事を連続3日以上休んだとき、4日目から支給されるお金

（例）標準報酬日額6,000円の人が2カ月（60日）休んだ場合　（※）標準報酬日額：1日あたりの平均給与

標準報酬日額（※）　6,000円

傷病手当金　4,000円

6,000円×2/3×（60日－3日）
＝**22万8,000円**受け取れる

標準報酬日額の2/3にあたる金額が最長1年半受け取れます。うつ病などの精神疾患も対象です！

※会社からの給与が標準報酬日額の2/3以上出ている場合は受け取れません

●失業手当　会社を退職した後、仕事を探している間に受け取れるお金

失業給付額（1日あたり） ＝ **賃金日額（離職前6カ月間の賃金合計÷180）** × **給付率（※）（50～80%）**

（※）給付率は年齢や賃金日額によって異なります

（例）月収30万円、給付率50%の人が会社を辞めた場合

（180万円÷180）×50%≒**5,833円**

1日あたり5,833円×給付日数分受け取れる！

会社を辞めた理由や雇用保険の被保険者であった期間、年齢などにより給付日数が異なります（90～360日）

失業手当を受け取るには、管轄のハローワークにて手続きが必要です。手続きには1カ月程度かかる上、自己都合退職の場合原則2カ月間は受け取れません。会社を退職するときには、最低限その間の生活費などを工面しておく必要があるでしょう

結論！ がん保険だけ入りなさい

●がんの治療も保険診療の対象

標準治療

科学的根拠に基づいて広く行われている治療

手術

薬物療法　放射線療法

…保険診療の対象

先進医療

厚生労働省が承認した高度技術を用いた治療
・陽子線治療
・重粒子線治療
など

自由診療

厚労省が承認していない治療法
・遺伝子療法
・ワクチン療法
など

…保険診療の対象外

2人に1人がかかると言われるがんですが、標準治療であれば窓口3割負担ですし、高額療養費制度も利用できるので、自己負担はそれほどありません

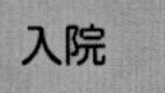

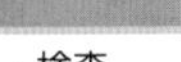

●大変なのは退院してから

がんの治療の流れ（一般的なイメージ）

1週間程度	半年～2年程度	5年程度
入院	通院	通院
・検査 ・手術	・薬物療法 ・放射線療法　など	・経過観察 ・定期検診　など

医療の進歩によって入院は短くなりましたが、その後の通院治療の期間は収入減・支出増となりやすい！

お金がかかる上仕事ができない期間

治療のために仕事ができず生活ができなくなる可能性 → がん保険が生活費の補てんに役立つ！

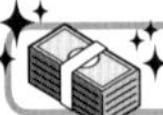

治療で仕事できない場合に備えるがん保険

FWD富士生命　FWDがんベスト・ゴールド

初めてがんと診断確定したら最大一時金300万円が受け取れる。お金の使い道は自由なので、自分の治療の方針に合わせてお金を使うことができる。支払い事由に該当すれば、給付金が何度でも受け取れる（年1回が限度）上、がんの通院治療も保障する

主な条件	・がん診断給付金　100万円 ・抗がん剤治療給付金　10万円 ・がん放射線治療給付金　10万円 ・自由診療抗がん剤治療給付金　通算3,000万円 ・がん収入サポート給付金　月5万円×12回　など			
月払保険料	男性	30歳/4,054円	40歳/5,971円	50歳/9,329円
	女性	30歳/4,625円	40歳/6,028円	50歳/7,374円

がんが再発・転移した場合も、入院・通院で一時金の給付が受けられます

ライフプランによって検討すべき保険

就職したてのビジネスパーソンには不要でも、結婚したり、子どもが生まれたり、独立したりしたときには加入を検討した方がいい保険もあります

●養う家族ができたら「定期保険」

チューリッヒ生命 定期保険プレミアムDX

死亡・高度障害時に保険金が受け取れる。掛け捨てなので少額で大きな保障が得られる

主な条件	・保険金額2,000万円 ・保険期間10年 ・非喫煙優良体（1年以上非喫煙、血圧が基準値以下などの条件を満たした場合に割引が受けられる）		
月払保険料 男性	30歳/1,940円	40歳/3,280円	50歳/6,580円
月払保険料 女性	30歳/1,840円	40歳/2,920円	50歳/5,040円

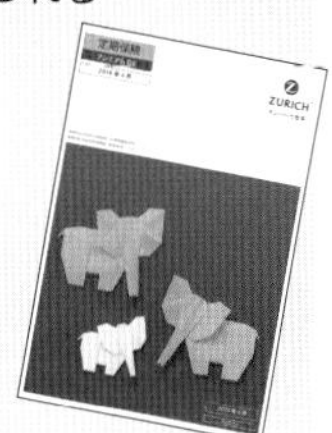

Point

公的保険をなるべく生かす！

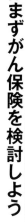

私的保険はまずがん保険を検討しよう

●子育て世代に合理的な「収入保障保険」

FWD富士生命 FWD収入保障（無解約返戻金型収入保障保険Ⅱ）

万が一のときに家族が年金形式でお金を受け取れる。年数が経ち、必要保障額が減るのに合わせて保険金が減る分、保険料は割安に

主な条件	・保険期間65歳満了 ・全期払い、月額10万円 ・最低保証支払期間5年 ・非喫煙優良体（1年以上非喫煙、血圧が基準値以下などの条件を満たした場合に割引が受けられる）		
月払保険料 男性	30歳/2,136円	40歳/2,328円	50歳/2,726円
月払保険料 女性	30歳/1,722円	40歳/1,942円	50歳/（不可）

●フリーランスは検討の余地あり「就業不能保険」

アクサダイレクト生命 働けないときの安心

病気やケガで働けない状態が続いた場合、保険金が毎月受け取れる。うつ病などの精神疾患にも対応

主な条件	・就業不能給付金月額10万円 ・支払対象外期間60日（60日超所定の状態が続いた場合に保険金が受け取れる） ・満額タイプ		
月払保険料 男性	30歳/2,200円	40歳/2,640円	50歳/3,360円
月払保険料 女性	30歳/1,870円	40歳/2,320円	50歳/2,710円

※2021年8月4日時点の情報による

chapter 2

5 無料で還元率も高い！クレジットカードはこれを作りなさい

クレジットカード選びの3つの基準

❶自分の行動パターンを考えて選ぶ

電車によく乗るなら交通系、スーパーや百貨店でよく買い物するなら流通系という具合に、自分の行動パターンを考え、その中で使うことで自然と有利になるクレジットカードを選ぶのがおすすめ

❷還元率が高いカードを選ぶ

還元率は「1ポイントの換算額÷買い物金額×100（%）」でわかる。少しでも高い方がポイントが得られ有利。年会費のあるカードも、「年会費÷還元率」で計算できる金額以上を年間に使うのであればお得になる

❸付帯サービスで選ぶ

特定の店舗やサービスで使うと還元率がアップしたり、割引を受けられたりするカードが使いこなせるならばお得に。その他、保険や空港のラウンジサービスなど、自分の生活に生かせるサービスがあればよりよい

国際ブランドを分けて2枚持つ

VISA ＋  または JCB

店舗によって使えるブランドは異なる。加盟店の多いVISAと、Mastercardまたは JCBという具合に分けておくと安心

これらを踏まえてクレジットカードを作って使えば、ポイントがざくざく貯められます！

クレジットカードは便利ですが、何枚も使うとポイントが分散して使いにくくなる上、支出の把握も大変です。ですから、1〜2枚に絞って持つのがおすすめです。

クレジットカードは、自分の行動パターン、生活圏内でお得に使えるものを選ぶのが基本です。その上で、還元率や付帯サービスをチェック。自然に高い還元率が得られ、付帯サービスが自分の生活に生かせるカードを選びましょう。

そうして選んだカードに絞り込んで使うことで、お得になりますし、何よりポイントが集約して貯まりやすくなります。カードは闇雲に作るのではなく、戦略的に作りましょう。

さらにお得に使えるワザを活用しよう

イオンカードセレクト

特定日のポイント還元や5%オフなど、特典が盛りだくさん。イオン銀行のキャッシュカード・電子マネーWAONとしても利用できる。地方在住で生活圏にイオングループの店があるなら持っておくべき1枚

【主な特典】
- イオングループでポイント2倍
- 全国のイオングループ対象店舗で毎月20日・30日は5%オフ
- 毎月10日はイオングループ対象店舗でポイント5倍
- 毎月5のつく日はWAONでポイント2倍

●年会費：無料
●基本還元率：0.5%

クレジットカードは1～2枚に絞って使い倒すのが正解！

クレカ年会費の条件付き無料に注意！

クレジットカードの年会費は「初年度無料」「年間1回以上の利用で無料」「年間○円以上の利用で無料」などと、条件付きで無料になっていることがよくある。条件を満たさないカードは年会費が有料になるので不要なら解約を。特に、学生のときに作ってそのままになっているカードの解約忘れが多いので要チェック

※2021年8月4日時点の情報による

楽天カード

楽天市場での買い物で最大3%還元が得られる。スーパーポイントアッププログラム（SPU）の条件を満たせばさらに還元率がアップ。楽天ユーザーなら必携

【主な特典】
- 楽天市場での利用で3%以上還元
- 毎月5と0のつく日は楽天市場での利用でポイント5倍
- SPUの利用でポイント最大15.5倍

●年会費：無料　●基本還元率：1%
※一部ポイント還元の対象外、もしくは還元率が異なる場合がある

Amazon Mastercardゴールド

年会費11,000円（税込）のゴールドカードだが、年会費4,900円（税込）のAmazonプライムが無料となる上、Amazonでの買い物が還元率2.5%になる。Amazonのヘビーユーザーであれば持っておきたい

【主な特典】
- Amazonでの買い物で還元率2.5%
- Amazonプライムが無料
- 旅行保険（最高5,000万円）
- ショッピング保険（年間300万円）

●年会費：11,000円（税込）　●基本還元率：1%

chapter 2

6

手数料が実はピンキリ！ 外貨両替ならここでしなさい

外貨の両替には手数料がかかる

●為替レート　2つの通貨を両替するときの交換比率

(例) 日本の円と米国のドルを交換する場合

ニュースで「1ドル○○円」などとよく報じていますね。為替レートは平日24時間、ずっと変動しています

この場合

- 100円で1ドルが手に入る
- 1ドルで100円が手に入る

しかし、実際は…

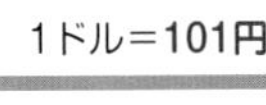

(例) 円をドルに交換するのに1円、ドルを円に交換するのに1円の手数料を徴収します
金融機関

通貨の交換には手数料がかかります。手数料は両替する店によって異なります。なるべく安い方がお得！

この場合

- 101円で1ドルが手に入る
- 1ドルで99円が手に入る

2回の両替で
手数料が1ドルあたり合計2円かかることに！

※この他「利用額の○%」と手数料を定めている場合もあります

外国に行くときには、円を外国の通貨に両替（外貨両替）して持っていくでしょう。外貨両替は無料ではなく、店舗ごとに手数料がかかります。手数料は多くの場合、為替レートの中に含まれています。

外貨両替は、銀行・外貨両替専門店・金券ショップ・外貨宅配などの方法でできます。

この中で、手数料が安いことが多いのは金券ショップです。ただ、通貨の取扱量が少ないため、売り切れになる場合がある点には注意が必要です。

現地でクレジットカードを使ったり、預金を引き出したりする方法もあります。特に海外に行く機会が多いなら、導入を検討しましょう。

一押しは金券ショップ！

●主な外貨両替の方法

方法	特徴	500ドル両替時の金額
銀行支店	三菱UFJ銀行・みずほ銀行・三井住友銀行など 街にある銀行の窓口で両替してもらう。さまざまな通貨を豊富に扱っている空港に両替専門のコーナーがある場合も。手数料は高め	5万5,935円 (三菱UFJ銀行)
外貨両替専門店	GPA・トラベレックスなど 空港などにある、銀行以外の外貨両替店。空港が運営しており安全性は高い。手数料は比較的高いがオンラインで購入し、空港で受け取ると少し安くなる	5万5,885円 (GPA)
金券ショップ	大黒屋・アクセスチケットなど レジャー施設や切符などのチケットを扱う金券ショップでも外貨両替ができる。手数料は安いが、取扱量が少なく売り切れることも	5万5,000円 (大黒屋)
外貨宅配	外貨両替マネーバンク・外貨両替ドルユーロなど ネットで注文すると、自宅まで外貨を届けてくれる。手数料は安めだが、届くまで時間がかかる上、一定金額以下では送料がかかる	5万5,705円 (外貨両替ドルユーロ) ※別途送料400円

※2021年8月4日時点

外貨両替の手数料を抑えたいなら金券ショップを活用すべし！

マイナーな通貨になるほど、手数料の差は大きくなる傾向があります。売り切れこそ注意ですが、金券ショップがいちばんおすすめです！

外貨両替をしない方法もある

●現地でクレジットカードを利用する

両替した外貨を円に戻すのにも手数料がかかる。外貨を余らせるのはもったいないので、クレジットカードを利用するのもあり。現地通貨払いか日本円払いかを選べる場合は、現地通貨払いがおすすめ

日本円払いにすると、その場でいくら支払ったかがわかりやすいのですが、店舗が決めた手数料が上乗せされるため、損する場合が多いのです

●Sony Bank WALLET（ソニーバンク・ウォレット）

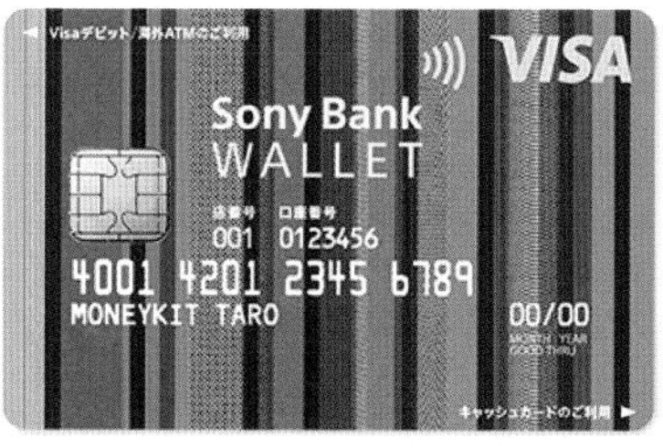

ソニー銀行のデビットカード。VISA加盟店で利用できるのはもちろん、海外のATMを利用して自分の預金口座から現地通貨を引き出せる。外貨残高がなくても円普通預金からチャージできるので安心

column 2

紙の通帳は損する時代に

通帳発行手数料・口座維持手数料は支払うな！

紙の通帳が1,100円!?

「銀行の預金サービスが無料だったのは過去の話」となるかもしれません。大手銀行で、通帳発行手数料や口座維持手数料を徴収する動きが広がっています。

たとえば、みずほ銀行は2021年1月から、新しく普通口座や定期口座を開設した個人・企業が紙の預金通帳を発行・繰越する際に、1,100円の手数料を徴収しています。

三井住友銀行では2021年4月から「2年以上出入金がない」などの条件を満たす口座で年1,100円、紙の通帳の発行に550円の手数料がかかるようになりました。

さらに、三菱UFJ銀行でも同様に2021年7月から、2年以上未利用の普通預金口座から未使用口座管理料の徴収をスタート。年1,320円かかります（以上金額は税込）。

いずれも、有料化前に開設された口座は有料化の対象外です。しかし、大手銀行の動向を踏まえて、今後同様の手数料を導入する金融機関は増えると見られています。

ウェブ通帳で開設し、不要な口座は解約！

有料化の背景には通帳のコストがあります。紙の通帳の管理には印刷費や管理コストなどがかかります。経営環境が厳しい銀行は、これを圧縮したいのです。

多くの銀行では、紙の通帳からウェブ通帳への切り替えを推進しています。ウェブ通帳を利用すれば、いつでもスマホやパソコンから入出金明細が確認できます。また、通帳をなくす心配や、わざわざATMに並んで記帳をする手間もなくせます。

一方で、ウェブ通帳にログインするためのIDやパスワードを忘れてしまうと確認ができなくなる欠点もあります。きちんとした管理をしなくてはなりません。

銀行口座はウェブ通帳で開設し、使わない口座は解約。手数料がかからないようにしましょう。

通帳発行手数料や口座維持手数料のかかる主な銀行

導入時期	銀行名	概要	金額（税込）
2004年	りそな銀行	2年以上未利用で残高が１万円未満	年1,320円
2020年	横浜銀行 常陽銀行など	2年以上未利用で残高が１万円未満	年1,320円
2021年1月	みずほ銀行	紙の通帳を利用する場合（70歳未満のみ）	1冊1,100円
2021年2月	横浜銀行	紙の通帳を利用する場合（70歳未満のみ）	1冊1,100円
2021年4月	三井住友銀行	紙の通帳を利用する場合（18～74歳のみ）	1冊550円
		ネットバンキングを使わず、2年以上入出金がなく、残高が1万円未満（18～74歳のみ）	年1,100円
2021年7月	三菱UFJ銀行	2年以上未利用	年1,320円

お金を貯めるどころか、減らす原因になってしまいます！

chapter 3

第3章

貯金から始めて、人生の安心を手に入れなさい

目標マネー偏差値 50

「毎月、余った金額を貯金しよう」と決めてみたけど、結局全然余らなかったなんて経験はありませんか？　お金が貯まる人は、給料からの天引きなどに代表される「貯める仕組み」をフル活用しているんです。

この章でわかること

- ☑ お金が貯まる仕組みを利用して着実に貯金
- ☑ iDeCo、NISAは圧倒的にお得

お金が貯まる人と貯まらない人では、貯金の仕方から考え方が違ってくるんですよ！

銀行はネット銀行を活用！
定期預金などを利用して
金利は少しでも高く！
楽天銀行
じぶん銀
東京スタ
イオン銀
銀行口座は
『生活費用』
『貯蓄用』の
２つに分けて
××銀行
○○銀行
収入が入ったら
先に貯めたい分を
自動で抜いて…
貯蓄用口座に放り込む！
貯蓄用
それをムダな
支出を減らしながら
続けたら…
ホーム
資産総額
400,000
前年比￥350,000↑
の家計簿
月1日-XX月30日）
収入￥250,000
支出￥170,000
…それなりの
貯金が！
フフフ…
やったぁ…
勝ち組だぁ
私…
何に勝ったん
ですか…？
一生分貯めるには
これからじゃ
ないですかぁ

確かにその通り！
『マネー偏差値』
さらに上げないと…
頼藤さん！

そこそこ資金ができました！
教えてください！
iDeCo（イデコ）とNISA（ニーサ）のこと！

iDeCoとNISA…
高山さんもそこまで来たんですねぇ
はい！
そこまで来たんです！
感極まるにはまだ早いんじゃ…

老後のため何かあったときのための年金制度は…
会社員や公務員は『4階建て』になっています

1階や2階が公的年金で3階が企業年金…

加入できる年金が4段階あるってことですよね

企業年金
公的年金
公的年金

そうです！
そしてその最上階に
あるのがｉＤｅＣｏ…
『個人型確定拠出年金』です
iDeC
企業年
どう運用しようかな…
毎月一定の掛金を支払って
積み立てたお金を
運用して…
老後資産にするという制度なんです
ｉＤｅＣｏに積み立てたお金や
運用益は60歳以降にならないと
引き出せません
でもそこまで引き出せないからこそ
老後資金が確実に貯まります
老後のためのお金をしっかり貯めたい人には
おすすめです
…ＮＩＳＡも節税になるんですよね？
もちろん！
そもそもＮＩＳＡとは
『投資で得られた利益が非課税になる』という
制度のことですし
ＮＩＳＡ＝少額投資非課税制度

普通に投資をしたら
利益の20％ほどを
税金として納めなければ
なりませんが
さよーなら〜…

ぎゅっ
NISAを活用すれば
税金で利益を減らさずに
投資ができるんです！

商品選びが
しやすいため
投資初心者でも
始めやすい…
『つみたてNISA』と
いうのもあります

そろそろ始めますか？
『お金自身に働いてもらう』と
いうお金の貯め方も…
なんと！
お金自身に
働いてもらう…!?

まずは少額から貯金デビューしなさい
ザクザク貯まる基本テクを紹介!

お金の貯まる人は、お金が確実に貯められる仕組みを利用してお金を貯めます。また、少しでも有利になるところにお金を置き、そのメリットを余すことなく生かします。

お金の貯まらない人がするべきことは、お金の貯まる人のそうした仕組みをマネし、取り入れることです。たとえ少額でも、本章で紹介する「貯まる仕組み」を活用し、貯金デビューしましょう。そうすれば、貯金しない人との差は確実に開いていきます。

「貯金が長続きしない」とお悩みの方は、貯金のルールを作ったり、アプリを活用したりするのがおすすめです。楽しみながらお金が貯められます。

お金の貯まる人の「貯まる仕組み」

無理のない金額から毎月積み立てる

月3,000円でも10年貯めれば36万円。少額でもコツコツ取り組むことで確実にお金は貯まる

銀行口座は2つ持つ

給料を受け取り、生活費をやりくりする口座とお金を貯めるための口座に分けよう。詳しくはP81

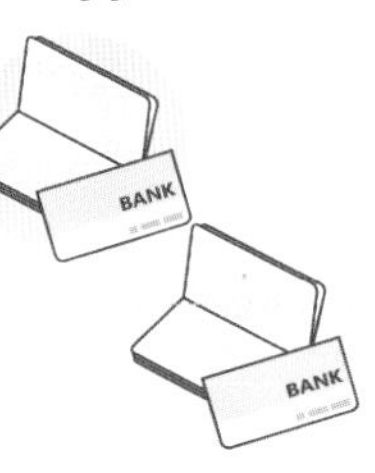

先取り貯蓄

「余ったら貯めよう」ではお金は貯まらない。先に貯める分を取り分けよう。詳しくはP80

ネット銀行を活用

普通預金だけでなく定期預金でもネット銀行を活用して高金利の恩恵を得よう。詳しくはP79

積み立ての投資信託を利用する

貯蓄より増える可能性のある投資信託。貯蓄に加えて長期間取り組みたい。詳しくはP83

財形貯蓄・NISA・iDeCoを活用する

税金を節約できる制度を使うことで、より効率よくお金を貯められる。詳しくはP82・94・96

小銭だって楽しく貯められる！

500円玉貯金

1日の終わりに財布の中に500円玉が入っていたら必ず貯金箱に入れる。月10回、5,000円として6万円貯まる

おつり貯金

買い物のおつりを貯金箱や小銭入れに移して貯める。月3,000円貯まったとして、年3万6,000円になる計算

歩数貯金

「1日5,000歩歩いたら500円貯金」など、歩数と貯金を連動。週3回達成でおよそ月6,000円、年7万2,000円貯まる上健康に

どれでもいいので、できそうなものを選んで取り組んでみよう！

つもり貯金

「デザートを食べたつもり」「タクシーに乗ったつもり」で浮いたお金を貯金する。月2,000円の努力が年2万4,000円になる

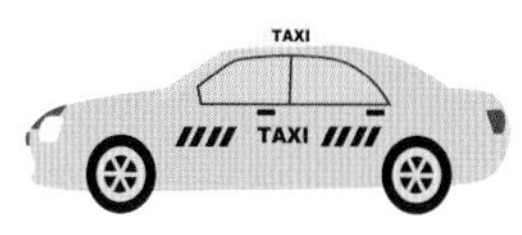

カレンダーの数字貯金

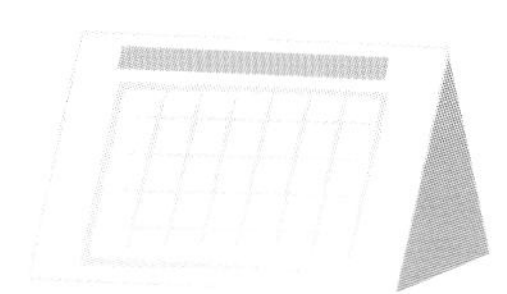

1月1日は11円、10月10日は1010円という具合に、月日を組み合わせた金額を貯金。1年貯めると18万758円に

Point

たとえ少額でも貯金する人としない人の差は確実に開いていく！

貯金アプリなら自然とお金が貯まる

finbee（フィンビー）

ネストエッグ
アプリ無料

銀行口座と連携。アプリ内で目標と貯金ルールを設定すると、そのルールで自動的にお金を貯められる。カードでおつり貯金・歩数貯金・チェックイン貯金などルール多数

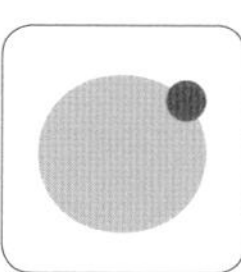

しらたま

マネーフォワード
アプリ無料

買い物のおつり相当額を自動的に貯金するサービス。「しらたまプリカ」にお金をチャージできる「プリカにしらたま」と、銀行で貯金できる「バンクにしらたま」がある

2 預金は「金利」を必ず意識しなさい 実は増え方が10倍違う？

お金は、少しでも増えやすいところに置くことが大切です。銀行にお金を預ける際には、金利に注目しましょう。

金利は、お金を預けることで受け取れる利息の割合です。金利が高いほど利息の金額が増えます。

貯蓄用の銀行口座は、金利の高いものを選びましょう。普通預金より定期預金の方が金利が高い傾向があります。ネット銀行の中には10倍、100倍違うものもあります。また、引き出しにくい点もお金を貯める上では好都合です。

信用金庫・信用組合にも、意外と好条件の定期預金がある場合が。地元の金融機関もぜひのぞいてみてください。

金利の高い「定期預金」を活用する

● **金利**　お金を借りたときに、借りた金額に応じて貸してくれた相手に支払う手数料（利息）の割合

銀行への預金も立派な「お金の貸し借り」

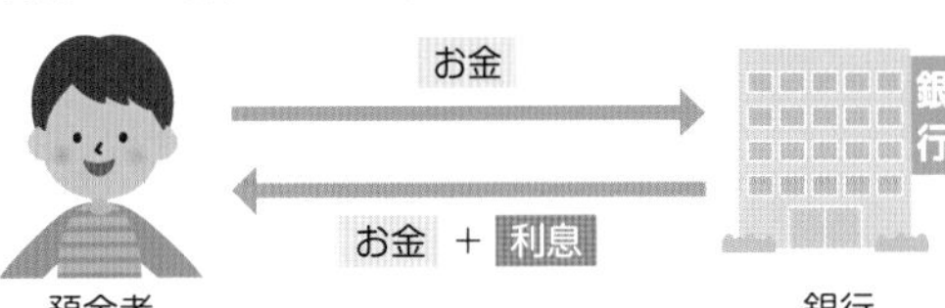

銀行にお金を預けると、預けたお金に利息がつく（多くは毎年2月と8月、または3月と9月）。銀行は私たちからお金を借り、利息をつけて返している

銀行の金利は今とても低い状態。利息もそこまでは期待できません。とはいえ、それでもお金を預けるならば、少しでも金利の高いところを選んだ方が有利です

●定期預金で着実に貯めよう

定期預金は預けたお金を一定期間引き出すことができない預金。
預ける期間は1カ月～10年程度の中から選べる

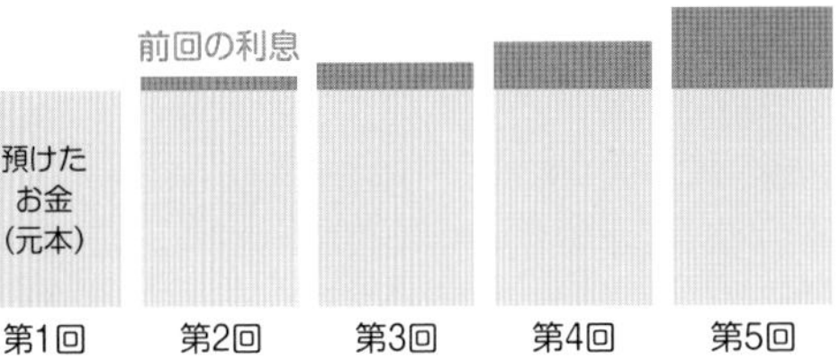

※図は複利のイメージです

利息に対して利息がつく「複利」の定期預金では、満期になるたびに利息と一緒に預けることで利息がだんだん増える（自動継続される定期預金もある）

定期預金は普通預金より金利が高めですが、大きく増やすことはできません。とはいえ、着実に貯めるための選択肢としてもっとも手軽です。貯蓄目的なら、途中で引き出せないのもメリットです

おすすめネット銀行の定期預金

銀行名	商品名	預入期間	最低預入金額	金利
オススメ あおぞら銀行BANK支店	Bank The 定期	6カ月〜5年	50万円	0.2%（1年・単利） 0.15%（3年・複利） 0.15%（5年・複利）
オリックス銀行	eダイレクトスーパー定期	6カ月〜5年	100万円	0.12%（1年・単利） 0.2%（3年・複利） 0.23%（5年・複利）
auじぶん銀行	円定期預金	1カ月〜5年	1円	0.05%（1年・単利） 0.03%（3年・単利） 0.03%（5年・単利）
住信SBIネット銀行	円定期預金	1カ月〜5年	1,000円	0.02%（単利）
ソニー銀行	円定期預金	1カ月〜10年	1万円	0.02%（1年以上・複利）

あおぞら銀行BANK支店やオリックス銀行は金利が0.2%台の高利率を実現。最低預入金額が高めですが、余裕ができたらぜひ利用を。その他の銀行の金利も普通預金の10倍以上となっています

信用金庫・信用組合の定期預金にもお宝が

大同信用組合「貯めーる定期」

300万円・1年でも金利0.2%、1,000万円・10年の定期預金で金利0.5%の高金利に

城南信用金庫「夢付き定期積金」

100万円預けると年1回、野菜や果物などの特産品が届く。特産品は加入月で異なる

さわやか信用金庫「ラッキーチャンス」

預金10万円ごとに1本の抽選権を得られる。1等10万円や、選べるカタログギフトが当たる

地方の信用金庫・信用組合でもネットで申し込めるケースがあります

※2021年8月4日時点の情報による

Point 定期預金を活用して 普通預金以上の利息を受け取ろう

3 もっとも確実に貯まるこれが王道！ 貯金は天引きで始めなさい

「先取り貯蓄」で貯蓄を自動化

●先取り貯蓄　給料など収入が入ったら、先に貯蓄分を取り分けて貯める貯蓄の方法

「お金が余ったら貯蓄」の「後から貯蓄」

収入 － 支出 ＝ 貯蓄

「先に貯蓄して残りで生活」の「先取り貯蓄」

収入 － 貯蓄 ＝ 支出

「後から貯蓄」だと出費がかさんだときに貯蓄ができません。「先取り貯蓄」なら、貯蓄分は確実に確保できているので安心。お金持ちの習慣です

目標は「手取りの2割を貯蓄」

●年間手取り収入（臨時収入を含む）からの貯蓄割合

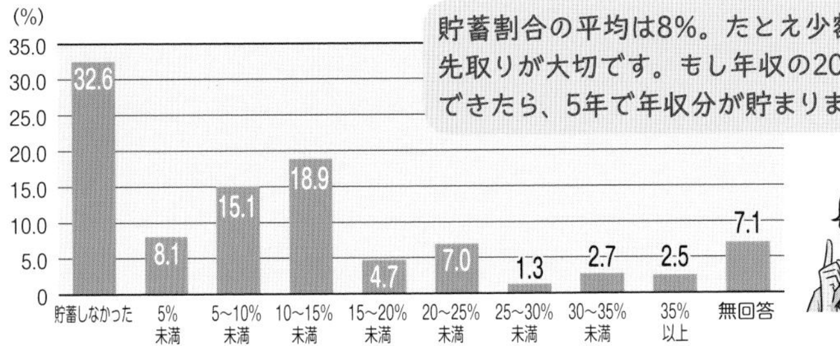

金融広報中央委員会「家計の金融行動に関する世論調査［二人以上世帯調査］」（2019年）より

貯蓄ができない人は、お金が余ったら貯める「後から貯蓄」をしています。しかしこの方法では、出費がかさんだ月にはお金が貯められません。

一方、お金持ちは、収入があったら先に貯蓄して残りで生活する「先取り貯蓄」をしています。先取り貯蓄の目標額は手取りの20％。それが難しくても、少しでも先取り貯蓄をすることで、お金は確実に貯まっていきます。

先取り貯蓄を実践するために、自動的にお金が貯まる仕組みを作りましょう。生活費用口座と貯蓄用口座を用意し、自動入金サービスを利用してお金を移すように設定すれば、自然とお金が貯まります。

お金の流れをわかりやすくしよう

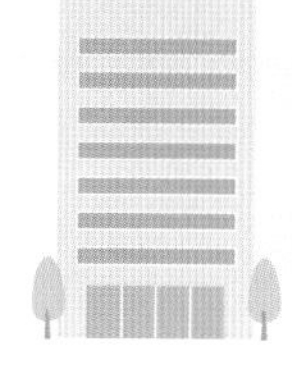

給料・収入など

↓ 振込

メインバンク（生活費口座） → 自動入金（先取り貯蓄） → **サブバンク（貯蓄口座）**

先取り貯蓄したお金には絶対に手をつけない！ないものと思って生活

ここからは引き出し禁止！

メインバンク
- 自分で引き出し → 普段の生活費（日々出入りするお金）
- 自動引き落とし → 家賃 公共料金 カード代金など

普段の生活費だけでなく、家賃や公共料金、カード代金などは、すべてメインバンクから支払うようにすると、支出がいくらか把握しやすい

サブバンク
- 自動引き落とし → 定期預金など
- 自動引き落とし → つみたてNISA iDeCoなど

5年以内に使い道が決まっているお金や将来のためのお金をサブバンク経由で貯蓄。お金が自然と貯まるようになる

先取り貯蓄で貯蓄分を先に確保することでお金は確実に貯められる！

●2つの口座を使ってお金が貯まる仕組みを用意！

普段の生活費以外はすべて自動引き落とし・自動入金を利用することで、手間を最小限にしつつお金を貯められます。お金の流れもわかりやすいですね

自動入金サービスを有効活用

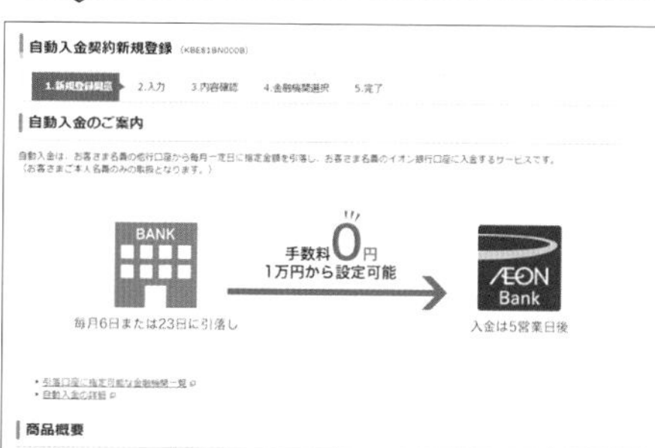

（例）イオン銀行「自動入金サービス」

自分名義の他行口座から毎月6日または23日（土日・祝日の場合は翌営業日）にお金を引き落とし、イオン銀行の口座に入金する。1万円から設定可能。ATM手数料や振込手数料はかからない。同様のサービスは各行にあるので、できるだけ活用するとラク

chapter 3

4 「自動」「強制」「先取り」の仕組みがある制度・商品はコレ！

貯蓄は、自動・強制・先取りの仕組みを活用するのがおすすめです。手間はもちろん「積み立てできなかった」という事態も防ぐことができます。

こうした仕組みの中には、より有利にお金が貯められるものがあります。会社の財形貯蓄制度や社内預金がある場合は、よりお得に増やしながら貯蓄できるでしょう。また、定期預金や投資信託、純金積立などにお金を積み立てることで、少しずつでも堅実にお金を増やしていくことができます。

「72の法則」で資産が倍になる年数がわかります。普通預金では無理でも、より高利回りで運用できれば、資産を倍にすることも十分狙えます。

会社の制度を生かして増やす！

●財形貯蓄制度

給与から天引きしてお金を貯められる制度。会社に制度があることが利用の条件。「財形年金貯蓄」「財形住宅貯蓄」は合計550万円まで非課税に

財形貯蓄の3つの制度

	一般財形貯蓄	財形年金貯蓄	財形住宅貯蓄
目的	自由	老後資金	住宅購入 リフォーム
対象	会社員 公務員	満55歳未満の会社員・公務員	
積立期間	3年以上	5年以上	
非課税	×	合算して元利合計 550万円まで非課税	

●社内預金 オススメ

給与から天引きしたお金を会社が預かって管理し、従業員の申請に応じて引き出す制度。最低でも金利を0.5%以上にしなければならないため、銀行よりずっとお得

100万円を1年間預けたときの利息は？

会社	銀行
社内預金	普通預金
0.5%	0.001%
WIN! 5,000円	LOSE… 10円

どちらも会社に制度があればぜひ活用したい制度。特に社内預金は利率も高くなっています。ただし、社内預金は預金保護制度の対象外。会社にもしものことがあった場合にはお金が戻ってこない可能性もあります

積立も資産を増やす強い味方

●自動積立定期預金

毎月指定のタイミングで定期預金に自動で積み立てできる。給与振込日の翌日に設定すれば、ほぼ給与天引きの状態にできる

●投信積立 オススメ

毎月指定のタイミングで投資信託を購入して積み立てる。投資信託は金融機関が投資家から集めたお金を運用する金融商品。株式や債券などの「詰め合わせ」

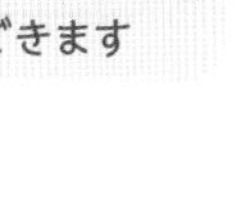

おすすめは投信積立。定期預金より大きく増える期待ができます

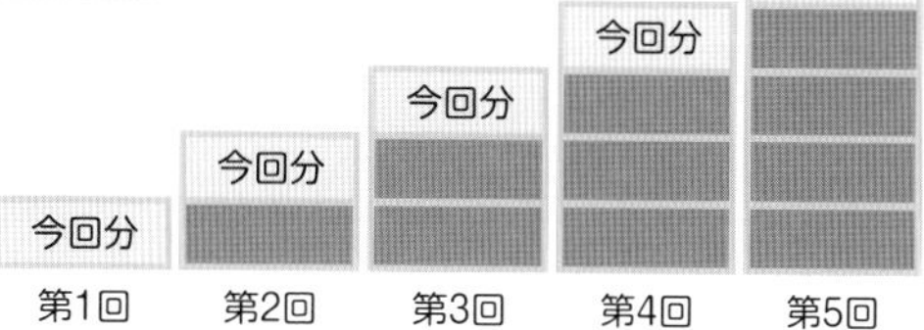

さらに非課税になるお得な制度も！

iDeCo …………P94

つみたてNISA …P96

オススメ

Point 会社の制度や積立の仕組みがお金を貯める強い味方になってくれる！

●純金積立

金（Gold）に積み立てで投資する。貴金属商やネット証券で売買可能

金投資のできる主な金融機関

貴金属商	田中貴金属工業	三菱マテリアル	
サービス名	田中貴金属の純金積立	マイ・ゴールドパートナー	
最低積立金額	3,000円以上	3,000円以上	
積立手数料（税込）	1.5～2.5%（積立金額により異なる）	2.6～3.1%（積立金額により異なる）	
ネット証券	**SBI証券**	**楽天証券**	**マネックス証券**
サービス名	金・銀・プラチナ取引	金・プラチナ取引	マネックス・ゴールド
最低積立金額	1,000円以上	1,000円以上	1,000円以上
積立手数料（税込）	1.65%	1.65%	1.65%

※2021年8月4日時点

ネット証券の方が少額で手数料が安くておすすめ

資産が倍になる年数がわかる「72の法則」

72 ÷ 運用利率(%) ＝元手を2倍にするためにかかる年数

※複利運用の場合

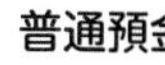

普通預金 金利0.001% → **7万2,000年後**

2倍になるのは…

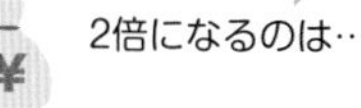

72÷0.001=72,000

投資信託 利回り3% → **24年後**

2倍になるのは…

72 ÷ 3 ＝ 24

chapter 3

5 得するものだけ選ぶ！保険は貯金と別に考えなさい

貯蓄は三角、保険は四角

貯蓄

積立金額

受け取れる
お金（残高）

年数

お金を貯めると少しずつ増えるため残高は三角形になる

- 元本は保証されている
- 貯まったお金の用途は自由
- はじめのうちは額が少ない

保険

保険金額

受け取れる
お金（保障）

年数

加入時から満期を迎えるまで一定額が受け取れるため、保障は四角形

- すぐにもしもに備えられる
- 万が一のときしか使えない
- 解約・失効したら保障ゼロ

日本人は保険に加入しすぎで、それが家計を圧迫させています。P63のとおり、日本の公的保障は充実しているので、民間保険に入るなら必要最低限です

必要な保険金額を考える基本の計算式

万が一の費用 － 公的保障 － 貯蓄 ＝ 必要な保険金額

貯蓄が少ないうちはこの分を保険で用意

保険は「もしそれが起こったときに経済的損失の大きな問題」に備えるものです。もし公的保障や貯蓄で備えられるなら、保険は不要です。

とはいえ、上図のとおり貯蓄は「三角」ですから、貯蓄を始めたばかりの場合はお金が少なく、万が一に備えられません。そこで、不足分を補うために「四角」の保険を使うのです。

保険には、大きく分けて「掛け捨て型」と「貯蓄型」があります。一見、貯蓄型がよさそうですが、使うべきは掛け捨て型。安い保険料で十分な保障を用意できるからです。そもそもお金がないから保険に入るのに、保険料が高い貯蓄型に加入するのは本末転倒です。

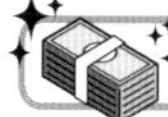

保険で資産形成するのはNG！

保険のタイプは大きく2種類あります。
あなたなら、どちらを選びますか？

●掛け捨て型

比較的安く保障を用意できるが、解約したり満期を迎えたりしてもお金が返ってこないタイプ

●貯蓄型

解約したり満期を迎えたりした際にお金が戻ってくるタイプ。利息も受け取れる

掛け捨て型はお金が戻ってこなくてもったいない気がします。貯蓄型なら、貯蓄と保障が両方とも手に入ってよさそう。貯蓄型にします！

そう言われる方が多いのですが、入るべきなのは掛け捨て型です！
貯蓄と保険は分けて考えた方がお得ですよ

保険で貯蓄すると損！
必要な保障だけを掛け捨て型で手に入れよう

掛け捨て型を選ぶべき理由は？

保険料の内訳が不透明

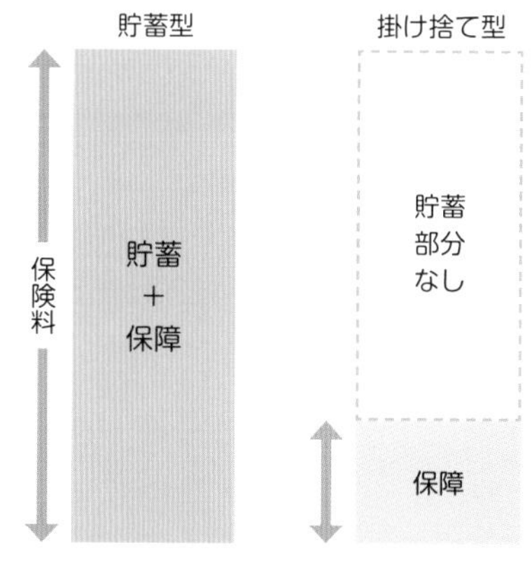

貯蓄型の保険は保険料のどの部分が保障、どの部分が貯蓄なのかが見えにくい。貯蓄をするにも保障を得るにも分が悪い

貯蓄は預貯金やつみたてNISAなどで行い、保険はシンプルな掛け捨て型を利用するのがもっとも効率的！

予定利率が低い

昔 **6**%！

▼

今 **0.5**%…

予定利率とは保険会社が運用を約束する利率のこと。今は予定利率がとても低いため不利

販売手数料が高い

●手数料

貯蓄…0円
（預金・つみたてNISAなど）

貯蓄型保険…

円建ての保険　2〜3%
外貨建て保険　6〜8%

貯蓄型保険は手数料を払って貯蓄するようなもの。手数料分も貯蓄した方が効率がいい

chapter 3

6

ムダな保険は大敵！保険は最低限にしておきなさい

ライフステージの変化で必要な保障は変わる

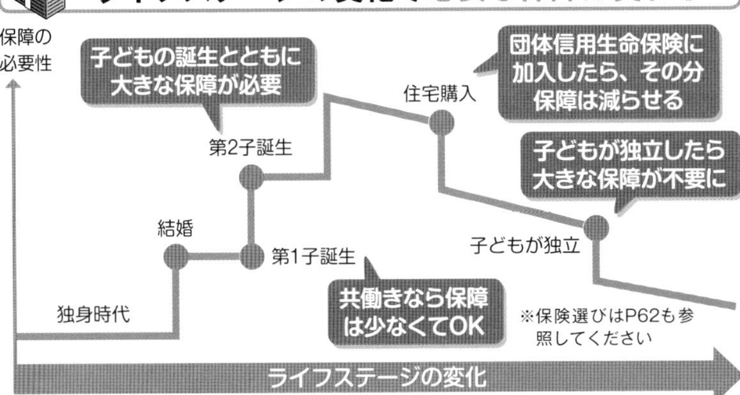

※保険選びはP62も参照してください

大きな保障が必要になるのは子どもの誕生後。大人になるまでに必要なお金を工面する必要があるからです。団体信用生命保険では、加入者にもしものことがあると、住宅ローンの残債がゼロになります

●対面型生保とネット生保

対面型生保
保険会社の担当者と相談しながら加入できる

ネット生保
ネットや電話だけでいつでもどこでも加入できる

おすすめはネット生保。なぜなら手数料が安いからです。保険料もなるべくコストカットすることが重要です！

社会に出て、結婚して、子どもが生まれて、住宅を購入してという具合に、私たちの生活は変化していきます。保険で用意すべき保障は、ライフステージによって大きく変わります。

大きな保障が必要になるのは子どもが生まれてから。もしものことがあっても困らないだけのお金を遺してあげる必要があるでしょう。

そこで保険を検討するわけですが、ここでもテーマは低コスト。一般的に、ネット生保の方が保険会社の手数料である付加保険料が安いため、コストカットができます。

また、健康に気を配ることで、健康体割引によってさらに保険料を安くできます。

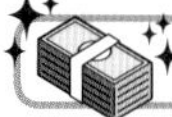

保険にかかる手数料

保険料は「付加保険料」で変わる

加入者が支払う保険料

付加保険料	保険会社が手数料として受け取るお金 ● 保険会社の人件費 ● 広告宣伝費 ● 保険会社の利益など
純保険料	将来の保険金の支払いに充てられるお金

会社によって大きく違う（ほぼ非公開）
下表のライフネット生命は公開しています

会社ごとの差はほとんどない

対面型生保よりネット生保のほうがコストがかからないため、保険料が安い傾向があります

ライフステージに応じた保険を選び なるべく低コストで加入しよう

（例）ライフネット生命「定期死亡保険（かぞくへの保険）」の純保険料と付加保険料
（保険金額1,000万円の場合）

男性	保険料	純保険料	付加保険料
20歳	920円	546円	374円
30歳	1,068円	667円	401円
40歳	1,925円	1,365円	560円
50歳	4,217円	3,223円	984円

女性	保険料	純保険料	付加保険料
20歳	547円	242円	305円
30歳	846円	486円	360円
40歳	1,463円	989円	474円
50歳	2,686円	1,985円	701円

純保険料は保険会社ごとの差がないので、ライフネット生命の保険料と他の保険の保険料とを比べると、その保険の付加保険料が推測できます

健康だとさらに保険料が安くなる！

一定期間喫煙していない

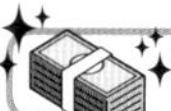

BMIが一定範囲

血圧が所定の範囲

健康状態が良好

健康な人は、所定の条件を満たすと「健康体割引」「非喫煙者割引」が受けられる場合があります。保険料が4割安くなることも！

7 実はこんなにお得な公的年金! 年金は目的から理解しなさい

高齢者を現役世代が支える年金

●年金　毎年お金が受け取れる制度（受け取れるお金）。
国が運営する「公的年金」と、任意加入の「私的年金」がある

公的年金の3つの特徴

①生涯ずっと受給できる

長生きをすると、貯蓄は底をつくかもしれないが、年金ならずっとお金を受け取れる

②物価の上昇に比較的強い

貯蓄は物価が上がると価値が目減りするが、年金は経済状況に合わせて給付が行われる

③障害や死亡に対応できる

所定の障害を負った人や一家の大黒柱を失った遺族などに、障害年金や遺族年金の保障をしている

高齢者世帯の収入の内訳

公的年金・恩給	199.0万円	(63.6%)
稼働所得	72.1万円	(23.0%)
財産所得	20.4万円	(6.5%)
仕送り・企業年金〜	19.4万円	(6.2%)
公的年金・恩給以外の〜	1.8万円	(0.6%)

高齢者世帯1世帯あたり平均所得金額 312.6万円

厚生労働省「2019年国民生活基礎調査の概況」より

公的年金はさまざまな人生のリスクに備えるための制度。誰もが老齢・障害・死亡に備えられるように、国が運営しています

高齢者世帯は収入の約6割、200万円程度を年金として受け取っています。年金は老後の大きな収入なのです

日本には、国が運営する公的年金の制度があります。年金の保険料を支払うことで、老後を迎えたときや障害を負ったとき、死亡したときなどにお金を受け取れます。

年金といえば、老後にもらうお金をイメージする方も多いでしょう。実際、公的年金は日本の高齢者世帯の収入の約6割を占めています。老後の生活のための大切な収入だといえます。

公的年金には、原則20〜60歳のすべての人が加入する国民年金と、会社員・公務員が加入する厚生年金の2つがあります。また、公的年金に上乗せできる私的年金の制度もさまざま。働き方によって加入できる制度が違います。

年金制度は「4階建て」

4階	私的年金のうちiDeCoはP94で紹介します		iDeCo		公的年金
3階		企業年金	年金払い退職給付		
2階	国民年金基金 / iDeCo	厚生年金		iDeCo	
1階	国民年金				
	自営業など	会社員	公務員	専業主婦（主夫）	
	第1号被保険者	第2号被保険者		第3号被保険者	

公的年金は国民年金と厚生年金の2種類。それに上乗せする私的年金がいろいろあります。働き方によって、もらえる年金の金額は異なります

Point 生涯にわたってお金を受け取れる公的年金は老後の大切な収入になる！

公的年金の加入者の分類

	第1号被保険者	第2号被保険者	第3号被保険者
加入する年金	国民年金	厚生年金（国民年金も加入）	国民年金
主な加入者	自営業・学生・フリーター・無職の人など	会社員・公務員など	第2号被保険者の配偶者で、年間収入130万円未満の人
年齢	20歳以上60歳未満	70歳未満	20歳以上60歳未満
保険料	月額16,610円（2021年度）	標準報酬月額の9.15％（※）	なし（配偶者が負担）

（※）標準報酬月額は、実際に受け取っている報酬月額をもとに決まる、保険料算出のための金額。また、厚生年金保険料は、会社と折半している

国民年金の分類（第1号～第3号）によって、加入する年金や保険料の支払い方法などが異なります

8 最後に頼れる年金はこれ！年金の種類を理解しなさい

「今後年金の財源が不足する」「将来年金はゼロになる」、年金はそうした論調で語られることがあります。しかし、年金が破たんすることはまず、ありえません。

年金は現役世代の保険料に加え、税金や積立金も活用しています。給付額の上下はあっても、ゼロになる極端なことは考えにくいでしょう。ですから、きちんと保険料を納めましょう。

公的年金では、老齢・障害・死亡の保障を受けられます。老齢給付金を例に取ると、老齢基礎年金は満額で年約78万円、老齢厚生年金（老齢基礎年金を含む）の月額平均は男性約16万円、女性約10万円。あるとないとでは大違いです。

年金保険料は意味がない？

少子高齢化で財源が不足すると聞きました。今後年金が受け取れなくなるのではないかと心配しています

自分たちが年金をもらう頃にはもう年金がゼロになるらしいですね。これでは年金保険料を納める気がしません

年金の財源は保険料＋税金。加えて、GPIF（※）が運用する年金の積立金も支払いに充てられるので、財源は簡単にはなくなりません

（※）GPIF：年金積立金管理運用独立行政法人

年金の原資は「世代間扶養」

現役世代の年金保険料を高齢世代が年金として受け取る
（賦課方式といいます）

税金や積立金も使われる

国庫負担金
国民年金の老齢基礎年金の半分は税金。消費税なども一部年金の支払いに活用されている

GPIF
保険料を積立して運用。資産は180兆円超。少しずつ取り崩して支払いに充てる

年金がもらえなくなることはまず考えられません。「意味がない」といって年金保険料を支払わないでいると、税金を払って年金がもらえない（大損）となりかねません！

公的年金でもこれだけもらえる

国民年金

老齢基礎年金	障害基礎年金	遺族基礎年金
原則65歳から、終身受け取れる年金。受け取るには原則として10年以上の加入期間が必要	病気やケガで障害等級1・2級となった場合に受け取れる年金。20歳前の障害にも対応	年金受給者が亡くなったとき、原則18歳以下の子や子のある配偶者が受け取れる給付

厚生年金

老齢厚生年金	障害厚生年金	遺族厚生年金
厚生年金に加入し、老齢基礎年金の受給期間を満たしていた人が受け取れる年金	厚生年金加入者が障害基礎年金と合わせて受け取れる年金。障害等級３級から受け取れる	厚生年金加入者が亡くなった際、障害遺族年金に上乗せされる。子のない配偶者も対象

年金保険料は無駄にはならない！きちんと納付して将来年金をもらおう

他にも
- 特別支給の老齢厚生年金（60～64歳までに支給される厚生年金）
- 加給年金（厚生年金加入者が65歳になったとき扶養者がいると支給される年金）
- 寡婦年金（夫を亡くした妻に支給される年金）などがある

公的年金でこれだけ保障してもらえるのですからありがたいですね！特に会社員・公務員は基礎年金と厚生年金の両方がもらえるため、手厚くなっています

老齢給付金はどのくらいもらえる？

老齢基礎年金　第1号・2号・3号被保険者

国民年金保険料を20歳から60歳までの40年間支払った人が65歳から受け取れる老齢基礎年金

年額　78万900円（2021年度）

老齢厚生年金　第2号被保険者

厚生年金の平均月額（老齢基礎年金を含む金額）

男性　16万4,770円

女性　10万3,159円

老齢厚生年金は現役時代の給与など（＝納めた保険料）により増減します

厚生労働省「令和元年度厚生年金保険・国民年金事業の概況」より

chapter 3

9 老後の生活資金の本当の話 結局いくら準備すればいい？

公的年金で不足する老後の費用は、老後資金として用意する必要があります。簡単に、見積もってみましょう。

年金額は左ページの表をもとに算出します。国民年金のみの場合は満額が約78万円となります。また、老後の支出は減るため、今の支出の70%として計算してみましょう。

毎年の収入から毎年の支出を引いた差額が毎年不足する費用です。この金額の20年分が自分の努力で用意すべき老後資金の目安となります。

なお、ここには介護費用やケガや病気などの万が一の費用、将来の夢を叶える費用は含まれていません。それらも必要となると、さらに多額の老後資金が必要です。

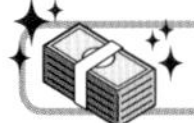

用意すべき老後資金を計算しよう

❶毎年の老後の収入

	夫	妻
年金	円	円
給料	円	円
その他の収入	円	円
合計	円	円

年金額は左の表参照
給料・その他の収入はあれば記載

2人の合計	① 円

❷毎年の老後の支出

	毎月の支出
生活費	円
住居費	円
子ども関連	円
その他	円
合計	円

ざっくりと今の支出の70%と計算してもOK

住居費・子ども関連はあれば記載

合計 円 ×12＝ ② 円

① 円 － ② 円 ＝ ③ 円（毎年不足する費用）

③ 円 × 20年 ＝ 円（自分で用意すべき老後資金）

70歳〜90歳の20年と仮定

年金早見表で老後の年金額をチェック

国民年金満額（78万900円）と厚生年金の合計金額の目安

	厚生年金加入期間						
年収	5年	10年	15年	20年	25年	30年	35年
200万円	83万6,800円	89万2,700円	94万8,600円	100万4,500円	106万400円	111万6,300円	117万2,200円
250万円	84万9,900円	91万9,000円	98万8,100円	105万7,100円	112万6,200円	119万5,300円	126万4,300円
300万円	86万3,100円	94万5,300円	102万7,500円	110万9,800円	119万2,000円	127万4,200円	135万6,400円
350万円	87万6,300円	97万1,600円	106万7,000円	116万2,400円	125万7,700円	135万3,100円	144万8,500円
400万円	88万9,400円	99万7,900円	110万6,500円	121万5,000円	132万3,500円	143万2,000円	154万600円
450万円	90万5,900円	103万800円	115万5,800円	128万800円	140万5,700円	153万700円	165万5,700円
500万円	91万9,000円	105万7,100円	119万5,300円	133万3,400円	147万1,500円	160万9,600円	174万7,700円
550万円	93万2,200円	108万3,500円	123万4,700円	138万6,000円	153万7,300円	168万8,600円	183万9,800円
600万円	94万5,300円	110万9,800円	127万4,200円	143万8,600円	160万3,100円	176万7,500円	193万1,900円
650万円	95万8,500円	113万6,100円	131万3,700円	149万1,200円	166万8,800円	193万1,900円	202万4,000円
700万円	97万1,600円	116万2,400円	135万3,100円	154万3,900円	173万4,600円	202万4,000円	211万6,100円

例）年収400万円・厚生年金加入期間30年の人の場合（表内赤枠のところ）

受け取れる厚生年金の年額　143万2,000円

老後の生活資金は人によっていくら必要かが変わります。とはいえ、公的年金だけでは足りないという方がほとんどでしょう。足りない分は、老後資金として自分で用意する必要があることがわかります

●用意すべき老後の生活資金の目安は？

高齢無職世帯の1カ月の収入ー支出（平均）

・夫婦世帯…毎月約3.3万円の赤字

・単身世帯…毎月約2.7万円の赤字

総務省「家計調査報告」（2019年）より

夫婦の場合

リタイアまで
最低約800万円
（月3.3万×20年＝792万円）

シングルの場合

リタイアまで
最低約650万円
（月2.7万×20年＝648万円）

公的年金でまかなえない老後の支出の20年分が用意すべき老後資金の目安！

chapter 3

10

税金まで安くなる！ 30歳になったらiDeCoにしなさい

 iDeCoで節税しながら運用できる

●iDeCo（イデコ） 個人型確定拠出年金。自分で一定の掛金を積み立てて老後の年金を用意する制度

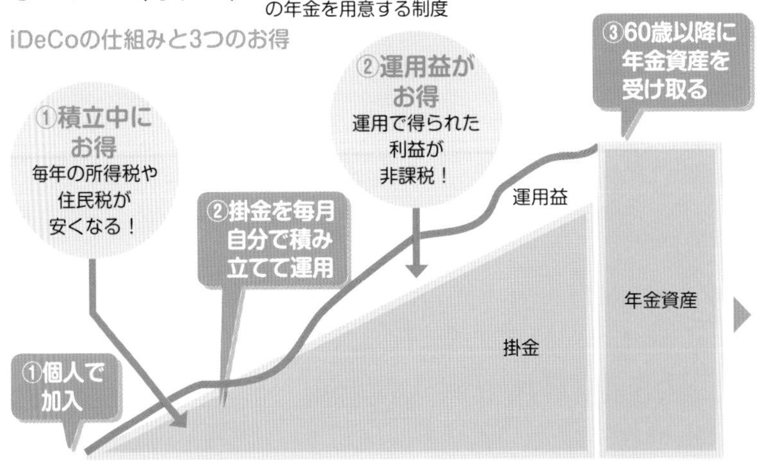

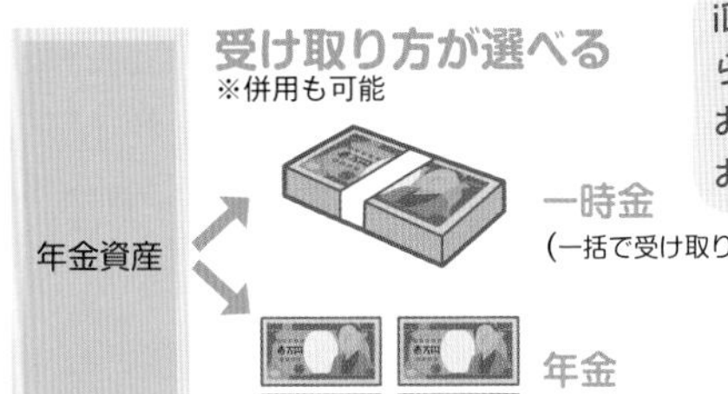

iDeCoは税金を減らしながら自分のお金を貯められるお得な制度です

③受け取りもお得
一定額まで非課税にできる！

iDeCoは、公的年金の不足を個人の努力でカバーしてもらうために用意された制度。毎月一定の掛金を支払って自分で運用し、資産を増やします。そして、運用の結果を60歳以降に受け取れます。

iDeCoの最大の魅力は、他の制度にはない圧倒的な節税効果にあります。積み立てをしながら税金が安くでき、得られた利益にかかる税金もゼロにでき、受け取るときにも非課税の恩恵を受けられます。

iDeCoは誰にでもおすすめですが、60歳まで引き出せません。お金の少ない20代のうちは、自己投資やつみたてNISA（P96）を優先し、30代になったら取り組むといいでしょう。

iDeCoに加入できる人と掛金の上限

自営業者・フリーランス・学生

（国民年金第1号被保険者）
月額 6万8,000円
年額 81万6,000円

公務員

（国民年金第2号被保険者）
月額 1万2,000円
年額 14万4,000円

専業主婦（主夫）

（国民年金第3号被保険者）
月額 2万3,000円
年額 27万6,000円

会社員（国民年金第2号被保険者）

- 企業年金なし

月額 2万3,000円
年額 27万6,000円

- 企業型確定拠出年金のみ

月額 2万円
年額 24万円

- 確定給付型企業年金あり

月額 1万2,000円
年額 14万4,000円

原則20歳～60歳（※）の方なら加入可能。掛金は月額5,000円からで、上限は働き方などで異なります

（※）2022年5月からは65歳まで加入可能

Point
20代のうちはiDeCoよりも自己投資やつみたてNISAを優先しよう

iDeCoでどのくらい節税できる？

（例）30歳の会社員Aさんが月2万円ずつiDeCoを利用した場合
【条件】年収450万円、税率15%（所得税5%、住民税は一律10%）
運用益300万円、年収・所得税率が変わらないまま30年間運用

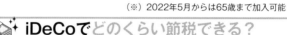

❶積立中にお得

所得税・住民税が安くなる

節税額
所得税・住民税

30年で108万円

毎年、所得税が1万2,000円、住民税が2万4,000円安くなる。30年で108万円節税に

❷運用益がお得

利益に税金がかからない

本来の税金
運用益

30年で約60万円の税金
⬇
ゼロになる

本来は20.315%、約60万円の税金がかかるが、これがゼロになる

❸受け取りもお得

一定額まで非課税にできる

一時金の場合…「退職所得控除」
年金の場合…「公的年金等控除」

どちらで受け取っても税制優遇が受けられる（金額は細かな条件で異なります）

この例では、利益に対する税金60万円＋所得税・住民税の節税108万円で、合計168万円の節税ができる計算です

chapter 3

11 非課税のパワーが手に入るNISAは使い倒しなさい

TAX FREE

非課税で投資できるNISA

一般NISA

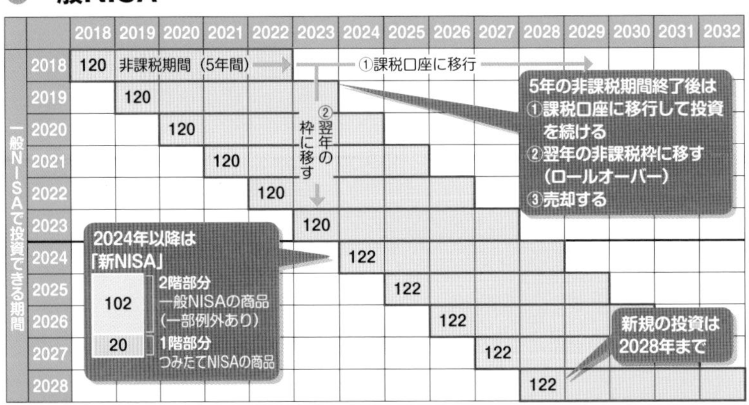

つみたてNISA

つみたてNISAで投資できる期間	2018	2019	2020	2021	…	2037	2038	2039	2040	2041	2042	…	2061
2018	40	非課税期間（20年間）											
2019		40	非課税期間（20年間）										
2020			40	非課税期間（20年間）									
2021				40	非課税期間（20年間）								
⋮													
2042											40	非課税期間（20年間）	

20年の非課税期間終了後は
①課税口座に移行して投資を続ける
②売却する

新規の投資は2042年まで
（当初2037年までだったが5年延長）

一般NISAなら毎年120万円（新NISAは122万円）まで最長5年間、つみたてNISAなら毎年40万円まで最長20年間、利益にかかる税金を非課税にできます

iDeCo同様、投資で得られた利益を非課税にできる制度にNISAがあります。

日本に住む20歳以上の方が利用できるNISAには、一般NISAとつみたてNISAがあります。どちらも、利益が非課税にできる点は同じですが、非課税になる金額や年数、投資対象などが細かく違います。

2つのNISAは、同時に利用することができません。これから投資をスタートするならば、つみたてNISAがおすすめ。初心者でも商品が選びやすい上、長期間非課税の恩恵を受けながらじっくりと資産が増やせるからです。

資金に余裕が出てきたら、iDeCoも併用しましょう。

NISA・iDeCo比較表

	一般NISA	つみたてNISA	iDeCo
利用できる人	20歳以上	20歳以上	20歳以上60歳未満 ※2022年5月からは65歳未満
年間拠出限度額	120万円 ※2024年からは122万円	40万円	14.4万～81.6万円 (働き方などにより異なる)
税制優遇	運用益が非課税	運用益が非課税	所得税・住民税控除 運用益が非課税 受け取り時の税金控除
投資対象	上場株式（ETF、REIT含む）、投資信託	金融庁が定めた基準を満たす投資信託・ETF	定期預金、保険、投資信託
投資方法	一括買付、積み立て	積み立て	積み立て
引き出し	いつでも	いつでも	原則60歳まで不可
口座開設手数料	無料	無料	2,829円(税込)
口座管理手数料	無料	無料	年2,052～7,000円程度 (金融機関により異なる)
口座の併用	つみたてNISAと併用不可	一般NISAと併用不可	一般NISA・つみたてNISAと併用可能
向いている人	・株式投資したい人 ・毎月5万円以上投資できる人 ・老後資金以外の資金を貯めたい人	・少額（1万円未満）で投資したい人 ・長期投資をしたい人 ・老後資金以外の資金を貯めたい人	・所得があり、税金の納付が多い人 ・60歳まで引き出せなくても大丈夫な人 ・老後資金を貯めたい人

老後資金ならiDeCoが有利ですが、それ以外のお金を貯める場合や、これから初めて投資をするという場合には、つみたてNISAがおすすめです。資金に余裕が出てきたら、つみたてNISAとiDeCoを併用しましょう

つみたてNISAがおすすめのワケ

①商品を選びやすい

つみたてNISAで購入できる商品は金融庁の一定の基準を満たした投資信託・ETFのみ。手数料の安い、シンプルな商品を選びやすい

②非課税期間が長い

つみたてNISAの非課税期間は20年。非課税になる金額の合計も一般NISAより多くなる。その分、非課税のお得を長くたくさん得られる

③長期積立に向いている

最低100円～という少額でコツコツでき、売買タイミングをはかる必要もなし。一定額ずつ積み立てると平均購入単価が下がる効果も期待できる

投資初心者でも商品選びがしやすい
始めやすいつみたてNISAがおすすめ！

chapter 3

12

iDeCo・つみたてNISA口座は この5社の中から決めなさい

楽天証券	イオン銀行	ろうきん（労働金庫）
無料	無料	310円／月（税込） ※年3,720円
31本	23本	13本
年0.10989〜1.705%	年0.10989〜1.6830%	年0.132〜0.352%
177本	20本	12本
年0.0968〜1.65%	年0.154〜1.65%	年0.10989〜0.66%
100円	1,000円	5,000円
毎月・毎日	毎月	毎月
無料	（取り扱いなし）	（取り扱いなし）
2,609本	337本	70本
【コールセンター】 ・iDeCo 平日10時〜19時 土日祝9時〜17時 ・その他 平日8時30分〜17時	【窓口】 年中無休9時〜21時 （店舗により違いあり） 【コールセンター】 9時〜18時年中無休 （iDeCoは平日21時、土日祝17時まで）	【窓口】 平日9時〜15時 （店舗により違いあり） 【コールセンター】 平日9時〜18時 （iDeCoは19時まで）
楽天ポイントを貯めたり、投資に使ったりできる	平日の夜や土日祝でも窓口で直接相談できる	全国に店舗がある。信託報酬の安い商品を厳選

ネット証券は商品数がとても多い！

安い商品だけを厳選

いつでも相談できて安心！

※2021年8月4日時点

iDeCoやNISAを始めるときは、金融機関に口座を開設します。とはいえ、金融機関は「どこでも同じ」ではなく、各社サービスが異なります。

iDeCoやNISAは1人1口座。後で変更もできますが、手間がかかるので、はじめから慎重に選んでおきましょう。

金融機関選びのポイントは、手数料が安いかどうか。運用で得られる利益は事前にわかりませんが、手数料は自分で選べます。安ければ安いほど運用が有利になります。

また、特に初めての場合、最低投資金額が少額なこと、サポート体制が充実していることも大切。わからないことがあっても安心です。

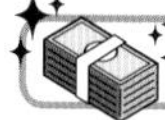

iDeCo・NISAおすすめ金融機関詳細比較表

	金融機関名	SBI証券	マネックス証券
iDeCo	口座管理手数料	無料	無料
	取扱投信本数	36本 ※セレクトプラン	26本
	信託報酬	年0.0968～2.124%	年0.0968～1.98%
つみたてNISA	取扱投信本数	175本	151本
	信託報酬	年0.0938～1.65%	年0.0938～1.65%
	最低投資金額	100円	100円
	積み立ての頻度	毎月・毎週・毎日	毎月・毎日
一般NISA	株式売買手数料	無料	無料
	取扱投信本数	2,591本	1,204本
その他	コールセンター・窓口受付時間	【コールセンター】 ・iDeCo 平日土日8時～17時 (土日は新規加入のみ) ・その他 平日8時～17時	【コールセンター】 ・iDeCo 平日9時～20時 土　9時～17時 ・その他 平日8時～17時
	主な特徴	TポイントやPontaポイントを貯めたり、投資に使ったりできる	資産設計ツールやシミュレーションが役立つ

年0.1%を切る商品も！

一般NISAなら売買手数料無料に！

※Pontaポイントは2021年11月以降

金融機関選びはここに注目！

●口座管理手数料

iDeCoで毎月かかる手数料のうち、国民年金基金連合会・信託銀行に払う171円は同じだが、金融機関の運営管理手数料は金融機関によって違う

●サポート体制

コールセンターの受付時間が長い、土日や夜でも相談できる、窓口でも相談できる、といったサポート体制があると疑問点が解消できて心強い

●信託報酬

投資信託の保有中にかかる信託報酬が安いほど利益を出しやすい。安い商品が揃っていることが大切

●最低投資金額

初心者は少額でスタートする方が安心。慣れてきたらお金を増やしていけばOK

NISA・iDeCoとも1人1口座なので、慎重に選ぼう

金融機関は手数料にこだわろう！
商品の品揃えやサポート体制にも注目

13 本当は買うべき商品は決まってる？ iDeCoはこの5本から選びなさい

iDeCoは、定期預金・保険・投資信託を使った運用ができます。この中で、おすすめなのは投資信託です。

確かに、定期預金や保険でも税金は安くなります。しかし、元本がほとんど増えないため、運用益非課税の恩恵が受けられない上、手数料の分だけ損になってしまうからです。

iDeCoの投資信託でおすすめなのは図の5本。いずれも米国を中心とした世界の資産に幅広く投資でき、信託報酬も安く抑えられています。

金融機関によって、購入できる投資信託に違いがありますが、ここにあげた5本ならば、節税しながら堅実にお金を増やしていけるでしょう。

iDeCoおすすめ投資信託5選

※基準価額・純資産総額など、データの意味はP127で紹介します

❶eMAXIS Slim 先進国株式インデックス

基準価額・純資産総額

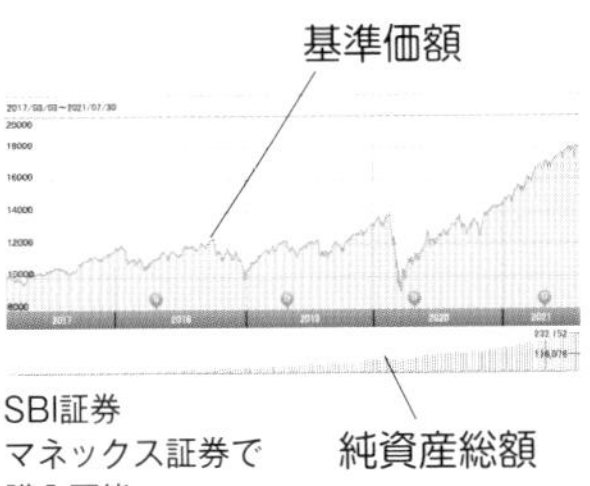

SBI証券
マネックス証券で
購入可能

1本でアメリカを中心とした22の先進国の株式に投資できる投資信託。先進国株中心に、低コストで投資したい人に向いています。

信託報酬	純資産総額	基準価額
0.1023%	2,308億円	17,949円

騰落率			
1年	3年（年率）	5年（年率）	設定来
+46.01%	+16.12%	−	+78.12%

❷たわらノーロード先進国株式

基準価額・純資産総額

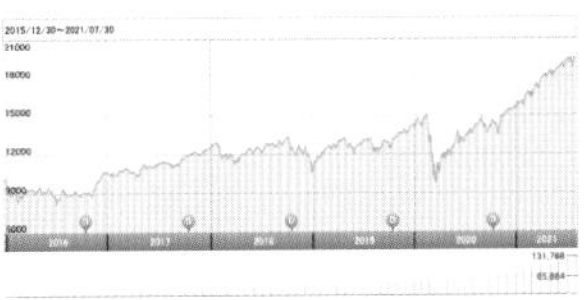

イオン銀行で購入可能

Amazon・Microsoft・Facebookなど、海外の名だたる先進国企業の株に投資する商品です。米国株式が7割近くとなっています。

信託報酬	純資産総額	基準価額
0.10989%	1,312億円	19,361円

騰落率			
1年	3年（年率）	5年（年率）	設定来
+46.08%	+16.08%	+17.33%	+92.17%

❸楽天・全世界株式インデックス・ファンド

基準価額・純資産総額

楽天証券で購入可能

1本で日本を含む世界の大中小型株、約9,000銘柄もの値動きをカバーすることのできる投資信託です。信託報酬も安く設定されています。

信託報酬	純資産総額	基準価額
0.212%	1,092億円	15,118円

騰落率			
1年	3年(年率)	5年(年率)	設定来
+45.58%	+14.42%	−	+52.28%

❹eMAXIS Slim バランス(8資産均等型)

基準価額・純資産総額

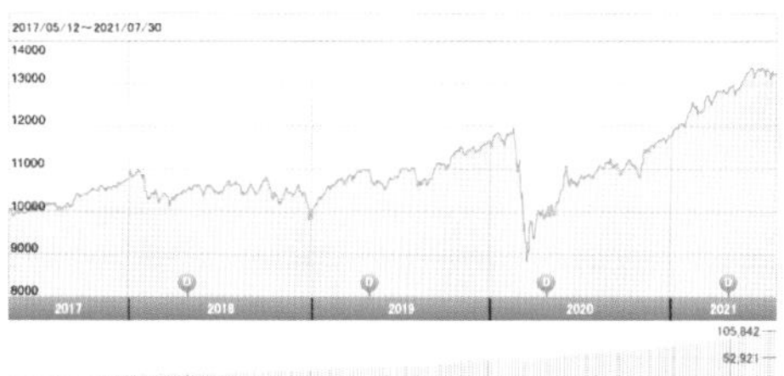

SBI証券　マネックス証券で購入可能

国内、先進国、新興国の株式・債券、国内リート、海外リートの8資産に投資するわかりやすい商品。信託報酬が安く、引き下げにも積極的。

信託報酬	純資産総額	基準価額
0.154%	1,059億円	13,238円

騰落率			
1年	3年(年率)	5年(年率)	設定来
+24.85%	+8.37%	−	+33.19%

❺セゾン・バンガード・グローバルバランスファンド

基準価額・純資産総額

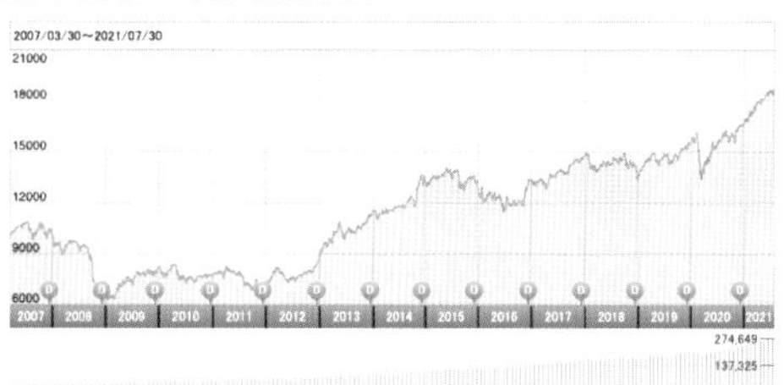

楽天証券で購入可能

世界的に有名なバンガード社の投資信託を通じて、世界30カ国以上の株式・10カ国以上の債券に投資。株式と債券の比率は原則50：50です。

信託報酬	純資産総額	基準価額
0.57%	2,738億円	18,503円

騰落率			
1年	3年(年率)	5年(年率)	設定来
+21.32%	+9.17%	+9.73%	+85.31%

iDeCoでは低コストで世界中に投資できる投資信託を買いなさい！

※2021年8月4日時点。グラフの出所はモーニングスター

chapter 3

14

つみたてNISAはこの3本から選んで始めなさい

つみたてNISAおすすめ投資信託3選

❶SBI・全世界株式インデックス・ファンド

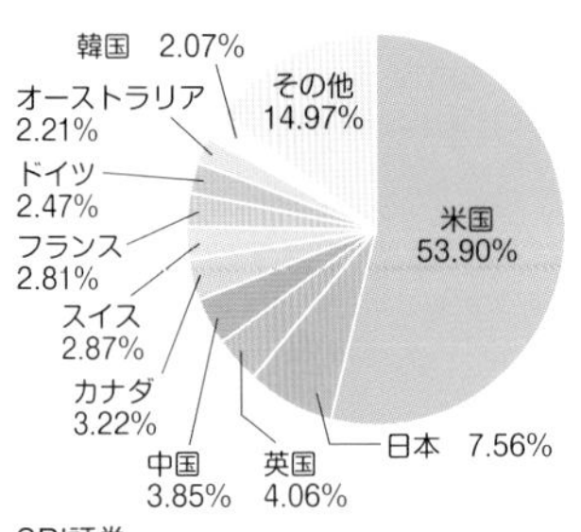

SBI証券
楽天証券
マネックス証券で
購入可能

日本・世界の株式に投資する商品。米国株が50%超を占めています。月次資金流入堅調で純資産総額は順調に増加中。信託報酬も安くなっています。

信託報酬	純資産総額	基準価額
0.1102%	298億円	14,695円

騰落率 (7月31日時点)			
1年	3年(年率)	5年(年率)	設定来
+45.49%	+14.28%	－	+48.08%

基準価額・純資産総額

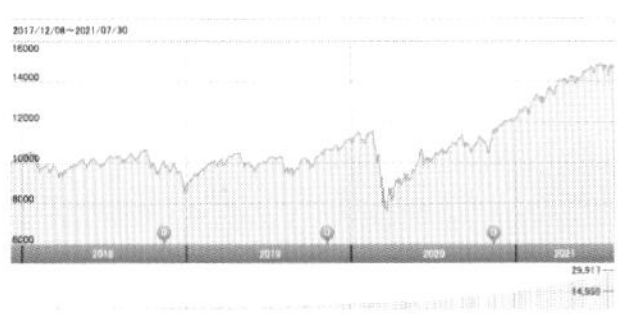

月次資金流出入額

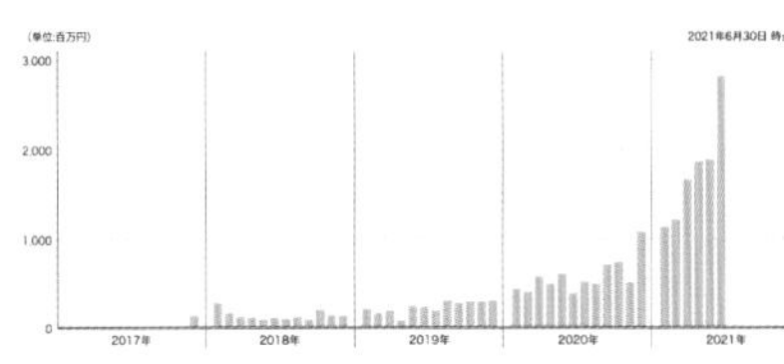

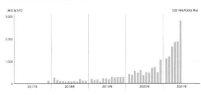

❷eMAXIS Slim バランス (8資産均等型)

P100のiDeCoのおすすめ商品でも紹介した投資信託です。結局、シンプルな仕組みの投資信託の方が、結果としてコストも安く、お金も増えやすいでしょう

SBI証券
楽天証券
マネックス証券で
購入可能

2021年8月4日時点

つみたてNISAでおすすめできる商品を絞ったら、上の3つになりました。

つみたてNISAの対象となる投資信託は、そもそも金融庁の基準を満たしてはいますが、これらはその中でも特に優秀です。いずれも幅広くさまざまな資産に投資できますし、運用中の信託報酬が安くなっています。その上、投資家からの人気も高く、資金が順調に集まっています。

金融機関によって、扱いのある商品が異なります。これらの商品がない場合は、商品ラインナップの中から、これらと投資先が似ていて、信託報酬がもっとも安いものを選びましょう。

③ニッセイ・インデックスバランスファンド（4資産均等型）

先進国株式 25.5%
国内株式 24.7%
先進国債券 24.9%
国内債券 24.9%

SBI証券
楽天証券
マネックス証券で
購入可能

国内外の株式・債券の4資産に投資する商品。8資産均等型よりも国内比率・債券比率が高いのでリスクは低い。リスクをやや抑えたい人向き。

信託報酬	純資産総額	基準価額
0.154%	138億円	13,942円

騰落率			
1年	3年（年率）	5年（年率）	設定来
+18.10%	+7.29%	+8.29%	+38.91%

基準価額・純資産総額

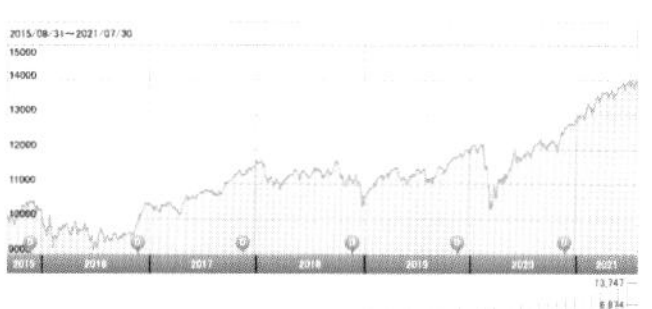

月次資金流出入額

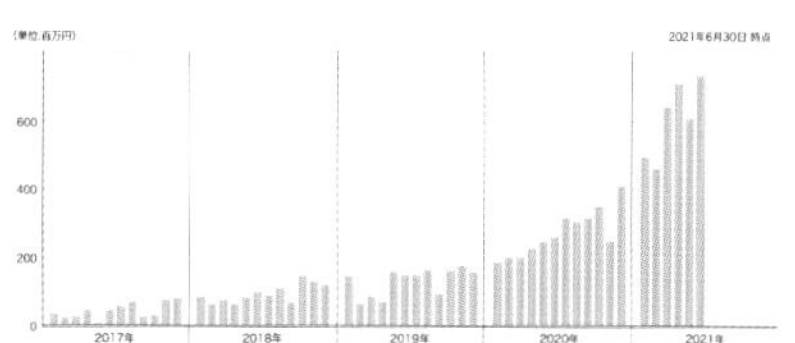

Point

さまざまな資産に投資できる有力商品！
1～2つ選んでコツコツ運用せよ

つみたてNISAの対象になる投資信託の基準とは？

基本ルール

- 20年以上運用される
- 難しい仕組みを使っていない
- 分配金が「毎月分配型」でない
- 金融庁に届け出をしている

インデックス型の場合

- 株式に投資している
- 販売手数料が無料（ノーロード）
- 信託報酬が一定以下
  国内に投資…0.5%以下（税抜）
  海外に投資…0.75%以下（税抜）

※他にも細かなルールがあります

アクティブ型の場合

- 純資産額が50億円以上
- 5年以上運用している
- 販売手数料が無料（ノーロード）
- 信託報酬が一定以下
  国内に投資…1%以下（税抜）
  海外に投資…1.5%以下（税抜）

投資信託の会社にとって、金融庁の条件を満たすことは決して楽ではありません。しかし、それを満たしているからこそ、私たちが資産を増やすのに役立つ、というわけです。

15 補助金に税金優遇も！ フリーランスはお得な共済に入りなさい

自営業やフリーランスの公的年金は、国民年金のみです。

小規模企業共済を利用すると、毎月の掛金を支払うことで、老後の退職金や年金を積み立てることができます。

小規模企業共済も、iDeCoと同様に節税できます。その上、退職・廃業時にお金が受け取れたり、ピンチの際に貸付を受けられたりと、うれしいメリットがあります。

自営業・フリーランスの方は、まず小規模企業共済を優先し、余裕があるならiDeCoを併用すると、節税額が大きくなります。

国民年金基金・付加年金などの有利な制度も、可能な範囲でぜひ活用しましょう。

小規模企業共済で退職金作り

小規模企業共済

小規模企業の経営者や役員、個人事業主などが積み立てで退職金を作る制度

小規模企業共済のイメージ

小規模企業共済の3つのメリット

①掛金が全額所得控除

iDeCo同様、掛金が全額所得控除できるので、所得税や住民税を安くすることができる

③退職・廃業に備えられる

6カ月以上積み立てると、廃業した場合に共済金を受け取れる。12カ月以上だと解約手当金が出る

③貸付制度が助かる

緊急時などに、積み立てた掛金に応じてお金を借りられる。銀行よりも低金利なのも助かる

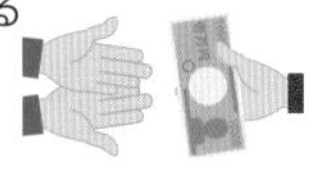

P94のiDeCoと同じく、掛金を所得控除できるだけでなく、個人事業主の退職金を用意したり、貸付が受けられたりするので便利！　個人事業主ならまず小規模企業共済をメインに加入するのがいいでしょう。 iDeCoと併用もできます

小規模企業共済の制度詳細

加入資格		従業員20名（商業とサービス業では5名）以下の個人事業主、フリーランス、企業の役員
掛金	掛金	1,000円～7万円（500円単位で自由に選択可能）
	掛金額の変更	可能（停止も可能）
	所得控除の種類	小規模企業共済等掛金控除
	所得控除の上限（所得税）	全額
	所得控除の上限（住民税）	全額
受取時	受取のタイミング	事業をやめたとき 65歳以上で180カ月以上払い込んだとき
	税制優遇（一時金）	退職所得控除
	税制優遇（年金）	公的年金等控除
運用利回り		65歳以上・180カ月以上の掛金納付で1%
		事業廃止時・死亡時は1.5%
途中解約		可能（240カ月未満での任意解約は元本割れ）

20年（240カ月）未満での任意解約は元本割れする点には注意しましょう

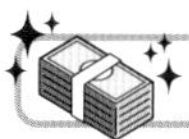

他にもある有利な制度

国民年金基金

自営業・フリーランスで働いている人が国民年金に上乗せして年金を受け取れる制度。毎月掛金を納めることで、会社員・公務員の厚生年金にあたる年金を用意できる。掛け金全額が所得控除。

対象	国民年金第1号被保険者
掛金	月額最大6万8,000円
受取額	月額1万～2万円 （50歳までに１口加入時）
備考	付加年金と併用できない iDeCoと掛金枠を共有

付加年金

国民年金保険料に月400円上乗せするだけで、65歳からの老齢基礎年金が月200円プラス。付加年金保険料を2年で回収でき、その後は年金をもらうほどお得になる制度。掛け金全額が所得控除。

対象	国民年金第1号被保険者
掛金	月額400円
受取額	200円×付加年金保険料納付月数
備考	国民年金基金と併用できない

国民年金基金や付加年金もフリーランスの年金を上乗せする心強い味方です。お金に余裕があれば、国民年金基金を優先した方が節税に役立ちます。とはいえ、付加年金も優秀です。国民年金基金を利用しない場合は検討しましょう

フリーランスならまず小規模企業共済
節税しながら退職金・年金を作ろう

column 3

お金は貯めやすいうちに貯める

お金の「貯めどき」と「かかりどき」を心得よ！

お金の貯めどきは3つある

人生にはさまざまなライフイベントがあります。ライフイベントには、何かとお金がかかるものですが、社会人になってから老後を迎えるまでの人生の大まかなライフイベントを見渡すと、お金の「貯めどき」「かかりどき」があることがわかります。

貯めどきは3つあります。最初の貯めどきは、就職してから結婚するまでの独身の期間です。就職したての頃は確かにまだ収入も少ないのですが、支出も少ない時期です。特に、実家暮らしの人は家賃や食費などの負担も少なくて済みます。

次の貯めどきは、結婚から子どもが小学生の時期まで。結婚して多少支出が増えても、夫婦とも働いていれば収入は多くなるため問題ありません。また、子どもが生まれても、小学生の時期までは教育費の負担も少ないのです。

最後の貯めどきは、子どもが独立してから退職するまでです。子どもの教育費の負担がなくなるため、老後資金作りのラストスパートができます。

かかりどきを意識して、貯めどきに貯めよう

反対に、かかりどきは2つあります。ひとつは、子どもが高校・大学に進学する時期。高校や大学の学費は家計に重くのしかかります。私立に進むなどすればなおさらです。子どもが望む進路を「お金がないから諦める」というのは避けたいでしょう。

もうひとつは、定年を迎えた後です。年金を受け取りながらも、ここまでに貯めたお金を少しずつ取り崩しながら生活します。

ですから、貯めどきを意識しておいて、かかりどきになって困らないように、お金を貯めていく必要があるのです。

お金の貯めどきとかかりどき

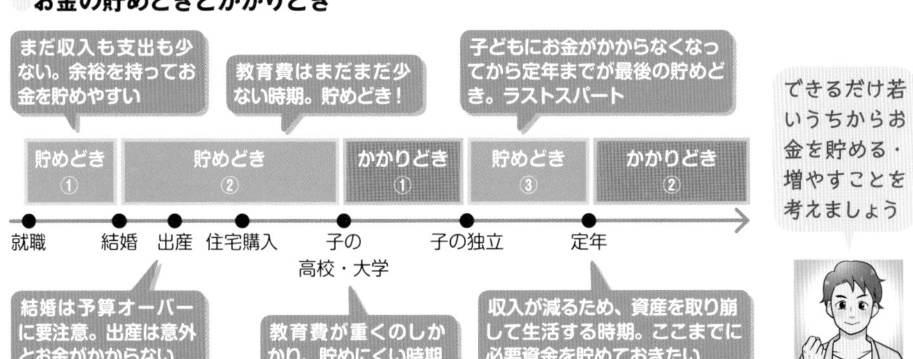
まだ収入も支出も少ない。余裕を持ってお金を貯めやすい
教育費はまだまだ少ない時期。貯めどき！
子どもにお金がかからなくなってから定年までが最後の貯めどき。ラストスパート
できるだけ若いうちからお金を貯める・増やすことを考えましょう
貯めどき①
貯めどき②
かかりどき①
貯めどき③
かかりどき②
就職
結婚
出産
住宅購入
子の高校・大学
子の独立
定年
結婚は予算オーバーに要注意。出産は意外とお金がかからない
教育費が重くのしかかり、貯めにくい時期
収入が減るため、資産を取り崩して生活する時期。ここまでに必要資金を貯めておきたい

chapter 4

第4章

貧乏が嫌なら株や投信に投資しなさい！

目標マネー偏差値 55

iDeCoやNISAでは、投資信託を中心に「他人に任せる」投資から始めるのがベター。でもそれだけでは不十分。株式や投資信託のリスクも理解して、自分のマネー偏差値を上げていくと、人生の大きなメリットが得られます！

この章でわかること

- ☑ 投資とは「お金自身に働いてもらう」貯め方
- ☑ 株も投信も積立投資なら堅実に貯められる

投資信託と株式をしっかり理解して、自分で投資できるくらいになりましょう！

iDeCoもNISAも商品ごとにいろんな投資の仕方があるんですね…
自分で育てる、自分の年
iDeCo
(イデコ)
老後のために いま、できる、こと。
投資にきっかけ！
ニーサ
NISA
でも私がiDeCoでおすすめするのは投資信託ですし…
つみたてNISAで購入できる商品は投資信託とETF(上場投資信託)です
まずはプロにお金を任せて運用してもらう『投資信託』から…
投資を始めることになります
お任せします！
プロ
投資信託による資産運用は楽ですし他の資産と比べて投資によるリスクも抑えられます
しかし…
自分のお金を丸投げしているだけでは『マネー偏差値』は上がりません
ドキリッ

投資信託と
株(株式)についても
しっかり理解して…
自分で投資
できるくらいに
なりましょう！
株はネットでも
買えます
ネット証券の方が
手数料は安いです

スマートフォンで取引できる
『スマホ証券』を利用すれば
数百円から株を
買うことができます

さらにはお金を
1円も減らさずに
株を買ったり
投資したりすることも
できます
1円も
減らさずに!?

株ください！
ポイントで！
買い物などで
貯まったポイントを
利用して投資ができる
『ポイント投資』という
サービスがあるんです

ポイント投資かぁ…
それならお金を
減らすリスクは
ないんですね
……

株やiDeCo
NISA以外の
投資信託も…
毎月決まった金額で
『積み立て』で
買うことができます

積立投資だと
平均購入価格を
下げられますし…
安定した
資産運用を
長期的に
行うことができます
気にせず
積み立てよう…

市場が暴落することも
ありますし…
確かに投資には
『リスク』があります

でも投資における
『リスク』とは
『危険』ではなく…
『収益(リターン)のブレ』
です

一時的に収益が
落ちたとしても
途中でやめずに
積立投資を続ければ…
確かな資産が
堅実に築けます
ぐっ
投資をしなくても
使えばお金は減ります
『マネー偏差値』を上げて
お金に対する
知識と経験を積むことが…
人生における
大きなメリットに
なります！
そうですね…投資
やってみます！
お金が貯まらなかった私が
頼藤さんのおかげで
お金を働かせるまでに！
資金を増やすためにも
人間もバリバリ
働かないと…
ついてこいよ涼太！
もう十分
働いてますってぇ
誰かさんのおかげで…
Cafe

1 やらないと結局人生負け組になる？ 株の基本だけは理解しておきなさい

株は会社がお金を集める手段

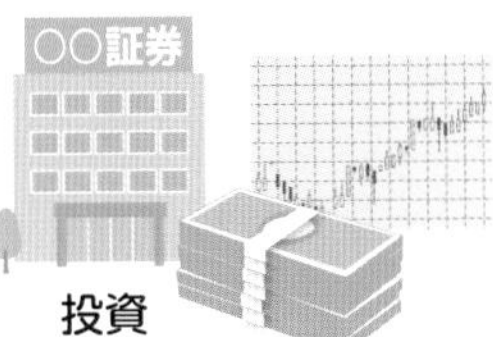
○○証券
株の売買は証券会社・証券取引所を通じて行う
投資

新製品発売！
○○で利益アップを目指します！
株買ってください！

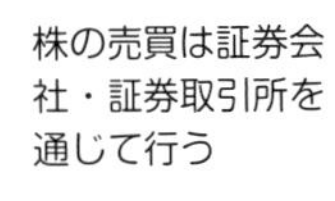
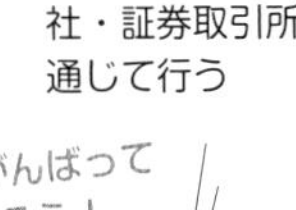
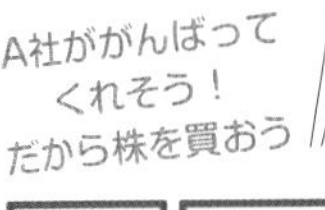

A社ががんばってくれそう！
だから株を買おう
投資家

会社

株券
株
会社の利益が出たら…

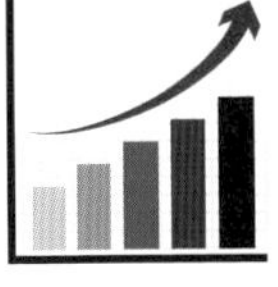
値上がり益
値上がりした株を売ると、買値との差額が利益になる

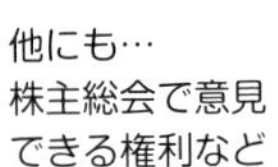
株主優待
株主優待
各社の商品や商品券など、株主に送られるプレゼント

配当金
会社が儲かったときに株主に配られる分け前のようなもの

株を買えば会社は事業ができ、利益が出れば投資家も儲かる！　株式投資は、社会貢献しながらお金が増やせるシステムです
他にも…
株主総会で意見できる権利など

※配当金・株主優待は実施しない会社もあります

会社は事業をするために、多くのお金が必要です。そのお金を集めるために、株（株式）を発行し、投資家に買ってもらいます。株を持っている人を株主といいます。

株主は、株の値上がり益や配当金、株主優待の形で利益の一部を受け取ります。株式投資はギャンブルではなく、社会に貢献しながら自分のお金を増やせる投資なのです。

株は通常、１００株単位（単元株）で売買されますが、最近は単元未満株のサービスも充実。１株から購入できます。

また、取引時間は平日の日中ですが、注文自体は24時間可能。スマホを使えばいつでもどこでも取引できます。

株は100株セット販売が基本

●単元株　株の売買単位のこと。日本株は基本的に100株をひとつの「単元株」として取引されている

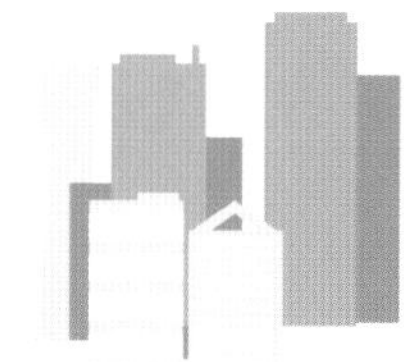

テレビや新聞、ネットなどに表示されている
株の値段（株価）は「1株」の値段

この会社の株を買うときには…
1,000円×100株＝10万円必要になる

※証券会社によっては別途売買手数料がかかる場合があります

株価は多くの場合、百円〜千円単位。ですから、単元株で買おうとすると数万円〜数十万円必要です。P118で紹介するスマホ証券を中心に、1株単位で売買できるサービスも増えてきています

Point

株式投資は実は社会貢献の仕組み！
会社に出資して手助けし、自らも儲かる

株の取引時間は決まっている

（例）東京証券取引所（東証）の場合

平日　※土日祝日、年末年始は取引なし

0：00　9：00〜11：30　12：30〜15：00　0：00

前場　後場

注文が成立（約定：やくじょう）するのは前場と後場の合計5時間のみ

注文が約定するのは証券取引所が開いているときのみですが、注文自体は24時間いつでも可能。スマホやパソコンで簡単に注文できます。取引時間外の注文は、次に市場が開いたときに処理されます

株式投資では損することもある

値下がりリスク
株価は市場が開いている間上下する。上がれば儲かるが、下がると損する可能性がある

倒産リスク
投資した会社の業績が悪くなり、倒産する可能性。倒産すると、株が無価値になってしまうことも

流動性リスク
買い手・売り手がおらず、売買できない可能性。売買したくてもできずに、大きく損することもある

2 投資信託と株の違いはこれだけ知っておきなさい

プロに運用してもらう投資信託

投資家

投資　利益

投資信託

販売会社（銀行・証券会社・郵便局など）
投資家に投資信託を販売する

運用の指示

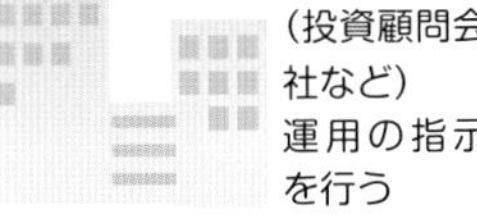

運用会社（投資顧問会社など）
運用の指示を行う

受託会社（信託銀行など）
資産を保管し、運用会社の指示どおりに運用する

マーケット

株・債券・不動産・通貨・商品など

・どの資産に投資するかは商品ごとに違う（左図参照）
・1本の投資信託が数十～数百の資産に分散して投資している

投資信託は投資家から集めたお金をまとめて、プロが運用する商品。投資信託1本に投資するだけで「分散投資」になります！

投資信託（投信）は、投資家から集めたお金を運用のプロがまとめて運用する商品です。運用の結果資産が増えることで、投資家は売却益や分配金を得ることができる仕組みになっています。

投信は、1本で数十～数百の資産に分散投資しています。株・債券・不動産などの資産の違い、国内・外国（先進国・新興国）など投資先の国などによって分類されます。

投信は、株よりも長期間積立投資することでお金を少しずつ増やすのにおすすめです。プロに運用をお任せできること、投資先を分散することによって、投資のリスクを下げ、堅実にお金を増やしていくことが期待できます。

投資信託で得られる2つの利益

●売却益

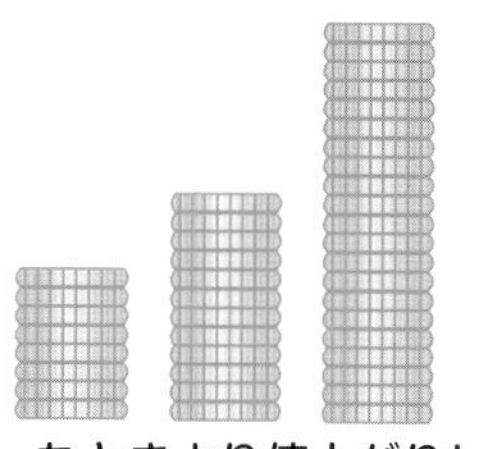

投資信託を買ったときより値上がりしたときに売ることで得られる利益

●分配金

運用で得られた利益の一部を投資家に支払う。分配金を再び投資する投資信託もある

投資信託の投資先はさまざま

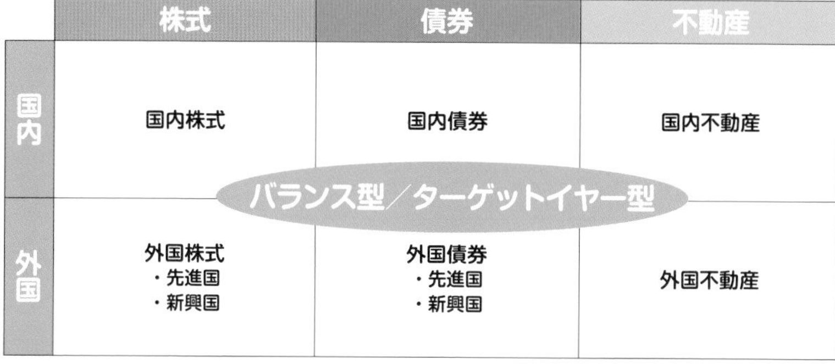

	株式	債券	不動産
国内	国内株式	国内債券	国内不動産
外国	外国株式 ・先進国 ・新興国	外国債券 ・先進国 ・新興国	外国不動産

バランス型／ターゲットイヤー型

外貨建MMF　金などの商品　等

たとえば、国内の株式だけに投資する投資信託は「国内株式型」などといいます。また、複数の投資先に投資する投資信託は「バランス型」といいます

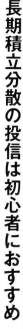

Point

プロに任せてお金が増える
長期積立分散の投信は初心者におすすめ

株と投資信託はどう違う？

	株式	投資信託
購入窓口	証券会社	証券会社・銀行・郵便局など
最低投資金額	数万～数十万円 （単元未満株は数百円～）	100～1,000円
売買の判断	自分で行う	プロにお任せ
資産の分散	しにくい（自分で複数の銘柄を買うのは大変）	1本で数十～数百の投資先に分散できる
値動き	投資信託より大きくなりがち	株式より小さくなりがち
投資期間	短～長期	中～長期

投資信託は少額で資産分散でき、プロにお任せできる長期積立向き商品！

chapter 4

3

株は手数料無料で買える時代に！このネット証券会社で買いなさい

証券会社はどこにする？

店舗証券

野村證券・大和証券・SMBC日興証券・岡三証券・みずほ証券など

街に店舗を構える証券会社。証券会社の担当者と直接または電話で相談・取引することが可能

・運用方法を相談できる

・手数料が高い

ネット証券

SBI証券・楽天証券・マネックス証券・auカブコム証券・松井証券など

インターネット上で営業している証券会社。スマホやパソコンを使って取引

○
・いつでもどこでも取引可能
・手数料が安い

×
・すべて自分で判断（参考になる情報提供は充実）

手数料の違いは決定的です。店舗証券で1回数千円かかる取引がネット証券なら無料のことも。手数料は投資の成果に直結しますので、ネット証券が断然有利！

ネット証券選びの3つのポイント

❶手数料が安いか

ネット証券の中でもさらに手数料の高低がある。手数料が安い会社＝有利な会社

❷アプリが使いやすいか

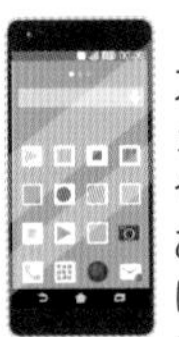

スマホアプリやウェブサイトの使いやすさは個人差がある部分。できれば数社口座開設しチェック

❸情報が充実しているか

投資の情報が多いか、わかりやすいか、実際に読んでみよう。初心者でもわかる作りなら◎

株式投資は、証券会社に取引の注文を出して行います。証券会社は、投資信託の品揃えも銀行より充実しています。

証券会社には、街に店舗を構える店舗証券と、インターネット上で営業しているネット証券があります。おすすめはネット証券。今はスマホでいつでもどこでも取引できる上、手数料が安いからです。

ネット証券の中から、自分に合った証券会社を選ぶポイントには、手数料・アプリの使いやすさ・情報の充実度などがあります。

個人差のある要素もありますが、左に掲げた3社ならばどこも総合的に見て充実していますので、間違いないでしょう。

ネット証券はこの3社から選ぼう

●SBI証券

ネット証券最大手！　TポイントやPontaポイントもうれしい

オススメのポイント

- 取引手数料が1日100万円約定まで無料（アクティブプラン）
- 株・投信・金などの取引や保有額に応じてTポイントやPontaポイントがもらえる
- IPO（新規公開株）の取り扱いが多い

※Pontaポイントは2021年11月以降

●楽天証券

楽天経済圏との相性が抜群

オススメのポイント

- 取引手数料が1日100万円約定まで無料（いちにち定額コース）
- 株取引でポイントバックや投信の保有額に応じて楽天ポイントがもらえる
- 取引ツールが使いやすく、評価が高い

●マネックス証券

国内だけでなく米国株投資も充実

オススメのポイント

- 取引手数料は1回110円～（取引毎手数料コース）、100万円約定まで550円（一日定額手数料コース）
- セミナーなど情報提供も充実している
- IPOや米国株に強み

投資はいつでもどこでも取引できて手数料の安いネット証券がおすすめ！

どの証券会社も、さまざまな商品を扱っているので、将来他の投資をしたくなったという場合にも対応可能です。P98で紹介したiDeCo・NISAのおすすめ金融機関と同じですので、NISA口座を開いた金融機関を利用するのも手です

4 少額から投資を試してみるなら スマホ証券を使いなさい

スマホ証券で気軽に始めよう

●スマホ証券 スマホで取引することを前提にしてサービスを展開している証券会社

スマホ証券の3つのメリット

❶少額から投資ができる

多くのスマホ証券では1株単位、または100円・1,000円からといった少額での取引が可能

❷手数料が無料・安い

売買手数料が無料または安く設定されているため少額であっても、利益を出しやすい

❸スマホで見やすく簡単に投資ができる

投資先選びに困らないよう、わかりやすく情報を表示。数タップで売買できるなど操作も手軽

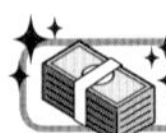

スマホ証券はここを使おう！

●LINE証券

いつものLINEアプリから投資！

- メッセージアプリ「LINE」から投資できる
- 「いちかぶ」（1,000銘柄以上）を1株で買える
- 株のタイムセール（不定期開催）で、対象の銘柄が最大7%引きに

株式が割引で買える、お得でユニークな証券会社です！口座開設数も急増しています

●投資対象
株式・投資信託・ETF
●最低投資金額
株式…1株単位　投資信託…100円から

投資をするべきだとわかってはいても、いきなり何万円、何十万円と自分のお金を投資するのは心配かもしれません。

そんな方におすすめなのは、スマホ証券です。スマホ証券の多くは1株単位、数百円程度の少額投資ができます。実は、117ページのネット証券でも少額投資ができるのですが、使いやすさ、手数料などはスマホ証券に分があります。

さらに、スマホ証券独自のサービスにも目を向けてみましょう。たとえばLINE証券なら、LINEのアプリ上から株式投資ができる上、株が割引で買える「株のタイムセール」など、ユニークなサービスを展開しています。

ユニークなスマホ証券は他にも！

●SBIネオモバイル証券

ほとんどの株が1株で買える

- 東証に上場している銘柄であればほとんどすべて1株で購入可能
- 手数料月220円だが、投資に使えるTポイントが200ポイント付与
- 定期買付サービスで株を積立購入できる

●投資対象
株式・FX
●最低投資金額
株式…1株単位

●PayPay証券

株の積み立てならココ

1,000円から日米の株に投資

- 1,000円から日本・米国の株式（300銘柄以上）に積立投資可能

1株で数千円、数万円する株にも1,000円から投資可能。米国株にも簡単に投資できます

●投資対象
株式
●最低投資金額
株式…1,000円

●STREAM

取引手数料が完全に無料

- 株式を購入するときも売却するときも、手数料がかからない
- 本来よりも有利に株が買える場合もある
- アプリ上のコミュニティで他のユーザーと情報交換できる

●投資対象
株式
●最低投資金額
株式…100株単位

Point
手元のスマホが投資ツールに早変わり
まずは少額からでも試してみよう

数百円、数千円という少額であれば、仮に値下がりしたときでもそれほど大きな損にはなりません。まずは少額でお金が増減する様子を見て、値動きに慣れましょう。慣れてきたら、今度は投資金額を少しずつ増やしてみましょう

※2021年8月4日時点

chapter 4

5

どうしてもお金が減るのが心配なら ポイント投資から始めなさい

買い物をすると貯まるポイントを利用して株式や投資信託に投資する「ポイント投資サービス」もあります。

ポイント投資サービスは「現金購入型」と「ポイント連動型」の2種類があります。

ポイント投資の元手はポイントですので、仮に値下がりしても、手持ちのお金は減りません。また、少ないポイントでも投資できます。それでも、きちんと値動きが見られますので、手軽に投資を学ぶきっかけにできるでしょう。

ポイント投資は、普段の買い物で貯まるポイントで利用できるサービスを選ぶのがおすすめ。また、現金購入型の方が本格的にできます。

手持ちのポイントで投資ができる！

ポイント投資 貯まったポイントで株や投資信託といった金融商品に投資できるサービス

オススメ **現金購入型**

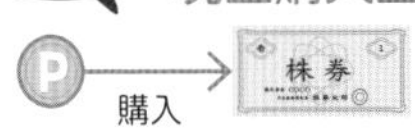

商品の代金の一部または全部をポイントで支払って購入。商品を売ると現金で戻ってくる

ポイント連動型

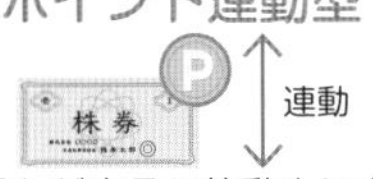

選んだ商品の値動きに合わせてポイントが上下する。解約するとポイントで戻ってくる

ポイント投資の元手はポイントなので、損しても現金は減りませんし、少ないポイントから試すことができます。投資を試してみるには最適です！

オススメ 両方のサービスを用意している会社も

楽天ポイント投資

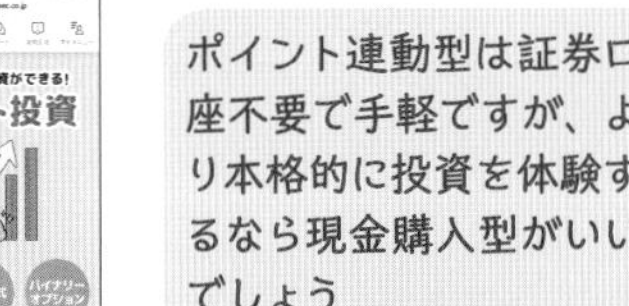

国内株式や投資信託の購入代金にポイントが使える。ポイントを使い、1回500円以上の投信を購入すると市場のプログラム「SPU」の対象に

現金購入型（楽天ポイント）

●投資対象

株式・投資信託

ポイント連動型は証券口座不要で手軽ですが、より本格的に投資を体験するなら現金購入型がいいでしょう

楽天ポイント運用

「アクティブ」「バランス」の2種類のコースのどちらかを選ぶだけで、投資信託の値動きと楽天ポイントが連動

ポイント連動型（楽天ポイント）

●投資対象

投資信託

普段から貯まるポイントのサービスを選ぼう

日興フロッギー

さまざまな記事に張られたリンクから株式が買えるサービス。dポイントは100ポイントから充当可能

現金購入型（dポイント）

●投資対象　株式

SBIネオモバイル証券

P119で紹介したSBIネオモバイル証券ではTポイントを株やFXの代金に利用できる

※利用料月220円

現金購入型（Tポイント）

●投資対象　株式・FX

LINE証券

P118で紹介したLINE証券でもポイント投資可能。株式や投資信託の購入代金にできる

現金購入型（LINEポイント）

●投資対象　株式・投資信託

トラノコ

トラノコではnanacoポイントやANAマイルで投資信託に投資できる

※利用料月300円

現金購入型（nanacoポイント・ANAマイルなど）

●投資対象　投資信託

Point

買い物に使うしかなかったポイントも
今は投資に役立てる時代！

dポイント投資

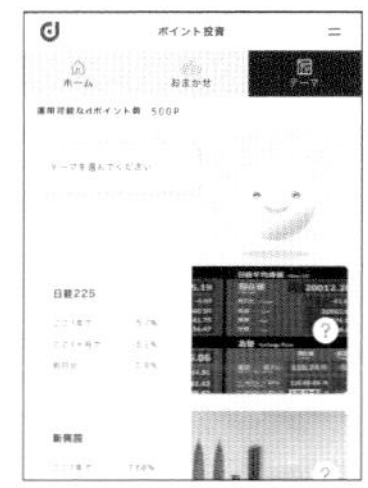

「アクティブ」「バランス」「日経平均株価」など、コースを選ぶだけでdポイントが連動

ポイント連動型（dポイント）

●投資対象　投資信託

StockPoint for CONNECT

Pontaポイントを100銘柄以上にポイント運用。ポイントが1株以上になったら、本物の株に交換できる

ポイント連動型（Pontaポイント）

●投資対象　株式

永久不滅ポイント運用サービス

株式、または投資信託の値動きとポイントの値動きが連動する

ポイント連動型（永久不滅ポイント）

●投資対象　株式・投資信託

PayPayボーナス運用

スマホ決済のPayPayで貯まる「PayPayボーナス」が投資信託の値動きと連動する

ポイント連動型（PayPayボーナス）

●投資対象　投資信託

※2021年8月4日時点

口座は税金ゼロのものを選ぶ！ NISAと特定口座を開きなさい！

「源泉徴収ありの特定口座」が便利

●特定口座 証券会社が年間の利益や損失を計算して、年間取引報告書を作成してくれる口座

証券口座は大きく分けて3種類

源泉徴収ありの特定口座	源泉徴収なしの特定口座	一般口座
証券会社が年間の利益や損失を計算し、売買が成立するたびに自動的に税金を納めてくれる	証券会社が年間の損益を計算。20万円超の利益がある場合、年間取引報告書をもとに確定申告	年間の損益の計算を自分で行う必要がある口座。利益が20万円超の場合、税金の申告も自分で行う
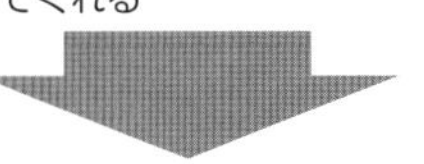		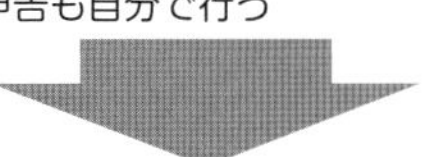
確定申告不要（してもOK）	**確定申告必要**（利益20万円超の場合）	**確定申告必要**（利益20万円超の場合）

配当金の受け取り方法は4種類

配当金領収証方式	「配当金領収書」をゆうちょ銀行などに持参して受け取る方式
株式数比例配分方式	配当金が証券会社の口座に直接振り込まれる方式
登録配当金受領口座方式	すべての配当金を1つの銀行口座に入金する方式
個別銘柄指定方式	配当金ごとに振込先の銀行口座を選ぶことができる方式

オススメ

NISA口座で配当金が非課税になるのはこの方式だけ

源泉徴収ありの特定口座に加えて、株式投資をするなら一般NISA口座、投資信託ならつみたてNISA口座を開設しましょう。配当金の受け取り方法は「株式数比例配分方式」を選びます

証券会社の口座開設は、スマホやパソコンから簡単に手続きできます。各社の口座開設ページで必要事項を記載し、本人確認書類をアップロードするだけです。証券会社の審査後、問題なければ数日程度で口座開設が完了します。

初めて口座開設する人が迷いがちなのが口座の種類です。「源泉徴収ありの特定口座」ならば、確定申告が不要になるため、手間がかかりません。

また、NISA口座で配当金を非課税にするために、配当金の受け取り方法を「株式数比例配分方式」にするのを忘れずに。証券口座に振り込まれた配当金は再投資して、複利効果で増やしましょう。

○○証券

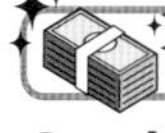

口座開設はスマホ・PCで簡単！

口座開設に必要なもの

・マイナンバー（個人番号）確認書類
・本人確認書類
（運転免許証、各種健康保険証、
各種年金手帳、パスポートなど）
・印鑑
・金融機関口座

スムーズに申し込むためにも準備しておきましょう。口座開設は無料でできます

口座開設の手順

※下記は一例で、詳細な手順は証券会社により異なる場合があります

❶金融機関のウェブサイトで「口座開設」を選択

ほとんどの証券会社では、
スマホでもパソコンでも手続きできる

❷口座開設に必要な情報を入力する

- 住所・氏名・電話番号
- メールアドレスなど
- 勤務先の情報

（画面の指示に従って入力すればOK）

- 開設する口座の種類
- NISA口座の申し込みの有無

NISA口座も一緒に申し込めます

❸本人確認書類をアップロード

本人確認書類を撮影して送信
（郵送でも手続き可能だが、アップロードの方が開設が早い）

❹口座開設手続き完了

口座番号・ログインパスワード・取引パスワードなどが
記載された書類が届く（なくさないように注意！）

❺（NISA口座申し込み時）NISA口座開設申込書を提出

郵送で届くNISA口座開設申込書（非課税適用確認書の交付申請書兼非課税口座開設届出書）に記入・捺印の上返送

❻初期設定

- 配当金の受け取り方法
- 入出金に利用する金融機関の口座登録など

取引準備完了！

証券口座の開設には数日、NISA口座開設には数週間かかるので早めに手続きしましょう。なお、「NISA即日買付制度」に対応している証券会社ならば、NISA口座の開設申請中に取引をスタートできます！

一般NISA・つみたてNISAの口座と源泉徴収ありの特定口座がおすすめ

会社四季報をのぞいてみよう

会社四季報　東洋経済新報社が3カ月に1度発行する、上場企業の詳細な情報を掲載した書籍

会社四季報のチェックポイントはここ！

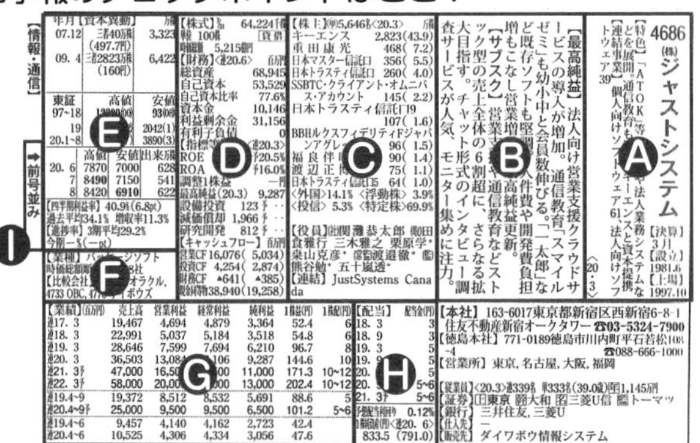

4686 (株)ジャストシステム　A

【特色】「ATOK」等や法人業務システムなどを展開。通信教育も。キーエンスと資本提携
【連結事業】個人向けソフトウェア61、法人向けソフトウェア39〈20・3〉
【決算】3月【設立】1981.6【上場】1997.10

B
【最高純益】法人向け営業支援クラウドサービスの導入が増加。通信教育「スマイルゼミ」も幼小中と会員数伸びる。「一太郎」など既存ソフトも堅調。[illegible]人件費や開発費負担増もこなし営業増益。最高純益更新。
【サブスク】営業[illegible]や通信教育などストック型の売上全体の6割超に、さらなる拡大目指す。チャット形式のインタビュー調査サービスが人気、モニター集めに注力。

C
【株主】㊥5,646名〈20.3〉 万株
キーエンス 2,823(43.9)
重田康光 468(7.2)
日本マスター信託口 356(5.5)
日本トラスティ信託口 260(4.0)
SSBTC・クライアント・オムニバス・アカウント 145(2.2)
日本トラスティ信託口9 107(1.6)
BBHルクスフィデリティFジャパンアグレ[illegible] 96(1.5)
福良伴[illegible] 90(1.4)
渡辺正[illegible] 75(1.1)
日本トラスティ信託口5 64(1.0)
〈外国〉14.1% 〈浮動株〉3.9%
〈投信〉5.3% 〈特定株〉69.9%
【役員】㈳関灘恭太郎 ㈹田食雅行 三木雅之 栗原学* 桒山克彦* ㈱監渡邉徹* ㈱熊谷勉* 五十嵐透*
【連結】JustSystems Canada

D
【株式】% 64,224千株
単位 100株 貸借
時価総額 5,215億円
【財務】〈連20.6〉 百万円
総資産 68,945
自己資本 53,529
自己資本比率 77.6%
資本金 10,146
利益剰余金 31,156
有利子負債 0
【指標等】 〈連20.3〉
ROE 予20.5%
ROA 予16.0%
調整1株益 ―円
最高純益(20.3) 9,287
設備投資 123 予 ‥
減価償却 1,966 予 ‥
研究開発 812 予 ‥
【キャッシュフロー】 百万円
営業CF 16,076(5,034)
投資CF 4,254(2,874)
財務CF ▲641(▲385)
現金同等物 38,940(19,258)

E
【情報・通信】

年月	【資本異動】	万株
07.12	三者40万株(497.7円)	3,323
09.4	三者2823万株(160円)	6,422

東証	高値	安値
97~18	[illegible]	93(08)
19	[illegible]	2042(1)
20.1~8	[illegible]	3890(3)

	高値	安値	出来万株
20.6	7870	7000	628
7	8490	7150	541
8	8420	6910	622

I　➡前号並み
【四半期利益率】40.9%(6.8pt)
過去平均34.1% 増収率11.3%
【進捗率】3期平均29.2%
今期―%(―pt)

F
【業種】パッケージソフト
時価総額順位 [illegible]8社
【比較会社】[illegible]オラクル, 4733 OBC, 47[illegible]サイボウズ

G

【業績】(百万円)	売上高	営業利益	経常利益	純利益	1株益(円)	1株配(円)
連17.3	19,467	4,694	4,879	3,364	52.4	6
連18.3	22,991	5,037	5,184	3,518	54.8	6
連19.3	28,646	7,599	7,694	6,210	96.7	8
連20.3	36,503	13,084	[illegible]106	9,287	144.6	10
連21.3予	47,000	16,50[illegible]	[illegible]00	11,000	171.3	10~12
連22.3予	58,000	20,00[illegible]	[illegible]000	13,000	202.4	10~12
連19.4~9	19,372	8,512	8,532	5,691	88.6	5
連20.4~9予	25,000	9,500	9,500	6,500	101.2	5~6
連19.4~6	9,457	4,140	4,162	2,723	42.4	
連20.4~6	10,525	4,306	4,334	3,056	47.6	

H

【配当】	配当金(円)
18.3	3
18.9	3
19.3	5
19.9	5
20.[illegible]	5
20.[illegible]	5~6
21.3予	5~6
予想配当利回り	0.12%

1株純資産(円)〈連20.6〉
833.5 (791.0)

【本社】163-6017東京都新宿区西新宿6-8-1 住友不動産新宿オークタワー ☎03-5324-7900
【徳島本社】771-0189徳島市川内町平石若松108-4 ☎088-666-1000
【営業所】東京, 名古屋, 大阪, 福岡
【従業員】〈20.3〉連339名 単333名(39.0歳)年1,145万円
【証券】上東京 幹大和 名三菱U信 監トーマツ
【銀行】三井住友, 三菱U
【仕入先】―
【販売先】ダイワボウ情報システム

A事業構成欄
決算期や会社の事業概要がわかる
・どんな事業を展開しているか
・事業ごとの営業利益率

B記事欄
会社の業績見通し・株価に影響を与えそうな新商品・経営課題がわかる
・【独自増額】【最高益】　注目

C株主欄
上位10位までの株主がわかる
・外国人投資家の保有比率

D財務欄
会社の決算書に書かれた主な内容がわかる
・自己資本比率（50%以上欲しい）
・設備投資、研究開発（多い方がいい）
・営業CF（プラスだとよい）

E資本異動・株価欄
四季報発売前月の株価（高値・安値など）
増資・減資（資本金を増やす・減らす）情報

F業種・比較会社欄
同一業種内の時価総額（会社の規模）の順位

G業績欄
過去5期分の実績とこれからの予想
（予）が四季報予想、（会）が会社予想
・（予）の方が（会）より大きいか　注目

H配当欄
配当の実績と予想

I業績予想の修正欄
前号と今号の四季報営業利益予想の比較
・大幅増額（30%以上の増額）
・増額（5～30%未満の増額）

7 業績を伸ばし続ける株はこうして探しなさい

株式投資は買いと売りの差額が利益になります。ですから、今後値上がりが期待できる株式（銘柄）を買えばいいのです。その銘柄を探すために投資家がよく利用しているのが、東洋経済新報社が刊行している「会社四季報」です。

会社四季報には、会社の実績や今後の業績予想、財務状態などがこと細かく記載されています。これをもとに、これからも業績が伸びていくと思われる銘柄を探し、投資するのが基本です。

身近なところにも株式投資のヒントはあります。自分自身の「肌感覚」も大切にし、日頃からアンテナを立てて、値上がりする銘柄を探しましょう。

身近なところにもヒントはある

❶生活を快適で楽しいものにしているか

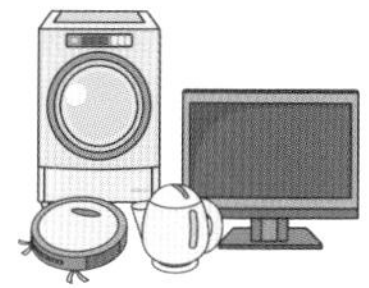

いつの時代も、生活を快適で楽しいものにする商品、役に立つ商品は売れる。
商品が売れると業績が上がり、株価上昇も期待できる

【こうやって探そう】
- お店の行列、コンビニの売り切れ、テレビやYouTubeなどのCMが多い商品、SNSで話題になっている商品などをチェックして、勢いのある会社を探ろう
- キッズYouTuberが紹介している商品を調べてみよう

❷10年後、20年後も必要であり続けているか

今すぐでなく、10年後・20年後といった視点で世の中を眺める。長期的に必要な商品・サービス・業界は、株価も堅調に伸びていくことが期待できる

【こうやって探そう】
- 世界の人口は増え続けていくと見られる。そこから必要になりそうな商品・サービスを考えよう
- 世界の高齢化が進む中で関心が高まる業界（健康・美容・医療・介護など）をチェックしよう

会社の業績はもちろん、身の回りにあるヒントにも目を向けよう

❸会社ならではの強みがあるか

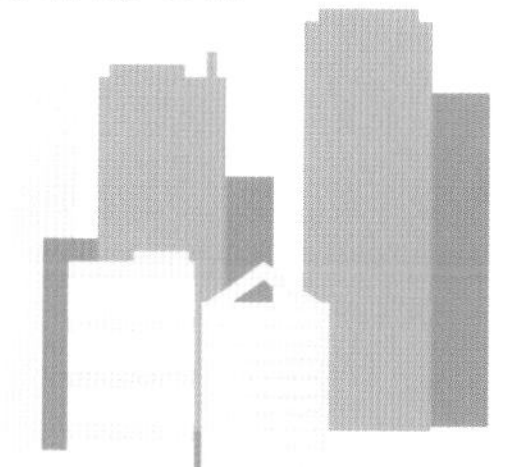

他社がマネできない強みがひとつでもある会社はやはり強い。その強みが「成長エンジン」となって、今後も会社が堅調に成長する余地がある

【こうやって探そう】
- マーケットシェア、顧客数・ユーザー数、特許、マーケティング能力の高さなど参入障壁を高くしている要素を持っているかを探そう
- 日本発の場合、世界でも受け入れられている商品やサービスを確認しよう

❹成長・進化し続けるDNAがあるか

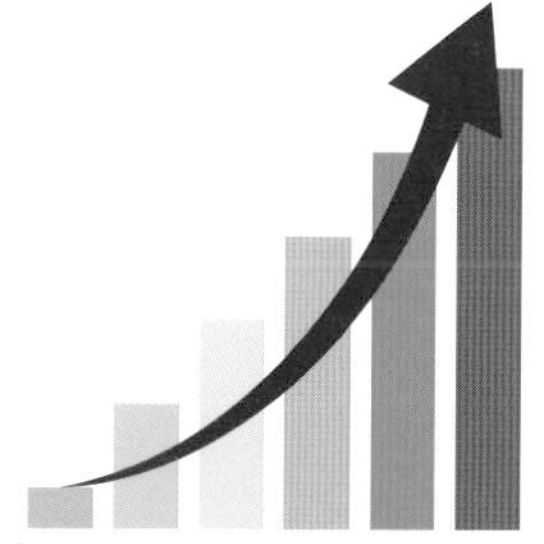

次のプラットフォームになるようなものに投資している会社は、現状に甘んじることなく成長・進化し続けると考えられる。当然、株価も期待できる

【こうやって探そう】
- 米国のGAFAM（グーグル、アップル、フェイスブック、アマゾン、マイクロソフト）のように、今の地位に満足せず、研究開発、設備投資、人材投資、企業買収して、成長できる分野を探し続けている会社を探そう

株価は「美人投票」だといわれます。自分がいいと思う銘柄より、多くの人がいいと思う銘柄の方が株価が上がる、というわけです。会社四季報はもちろん、自分の身の回りもよく観察して、自分もみんなも欲しい「上がる銘柄」を選びましょう

chapter 4

8

他人任せでお金が増える投資信託は、最初だけしっかり選び抜きなさい

おすすめはインデックス型

●インデックス型　オススメ

株価などの指数（ベンチマーク）に連動した成果を目指す投資信託

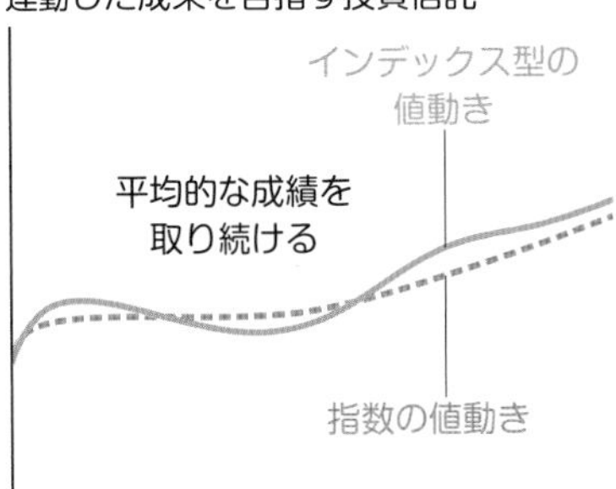

同じ指数に連動する商品は同じような値動きをする

●アクティブ型

株価などの指数を上回る成果や絶対利回りを目指す投資信託

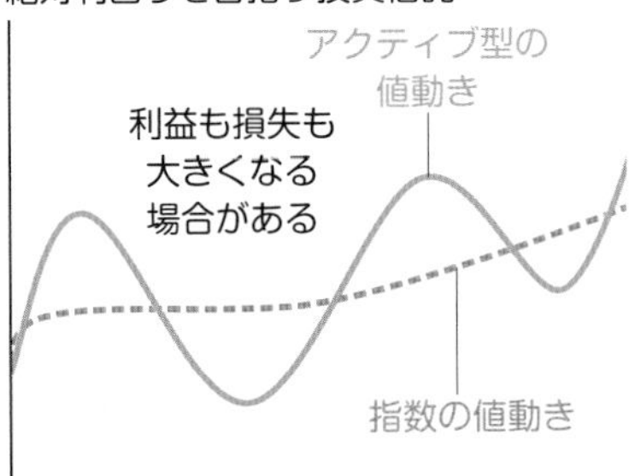

うまくいけば大きく儲かるが逆に損をすることもある

おすすめはインデックス型。なぜならアクティブ型の方が手数料が高く、過去を見ても実際の手元に残る利益はインデックス型が有利だったというデータがあるからです。今後も儲かるアクティブ型を探すのは難しいのが現状

市場平均に勝てなかったアクティブ型投信の割合

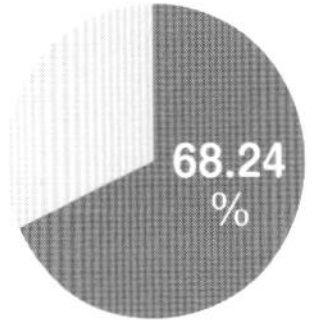

日本株ファンド　国際株式ファンド

S&P ダウ・ジョーンズ・インデックス「SPIVA®日本スコアカード」2020年上半期より作成

10年運用後、日本株の商品の約7割、国際株式の商品の9割以上が市場平均に勝てていません

投資信託には、株価などの指標に連動するインデックス型と、指標を上回ることを目指すアクティブ型があります。

アクティブ型は、保有中の信託報酬がインデックス型より高い分インデックス型より不利。実際、多くの商品はインデックス型に勝てていません。したがって、投資信託のおすすめはインデックス型です。

インデックス型の投資信託は、信託報酬が安いもの、基準価額・純資産総額が順調に増えているもの、より多くの資産に分散投資できるものがおすすめです。安いコストで、自分の資産を広くさまざまな資産に分散することで、お金は堅実に増えていきます。

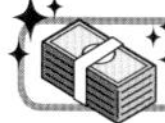

資産を増やす投信のポイント

●信託報酬は安い方がいい

投資信託にかかる3つの手数料

重要！

購入時	保有中	解約時
販売手数料	信託報酬	信託財産留保額
購入価格の0～3% つみたてNISAでは無料	保有中に年0.1～2%程度、 毎日資産から差し引かれる	解約時に0.1～0.3%程度 （かからないものが多い）

信託報酬が違うと運用成果はどうなる？

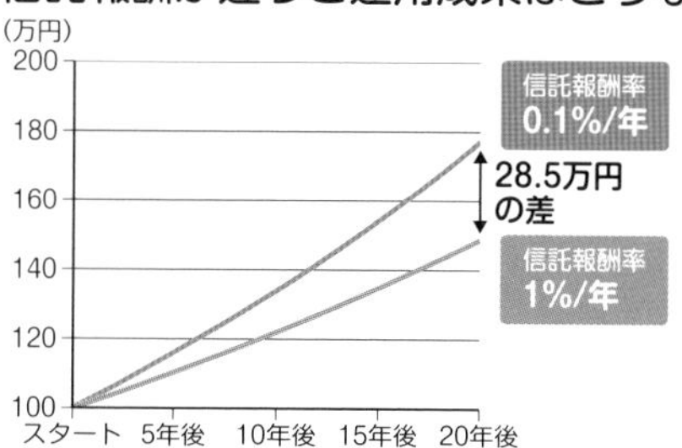

100万円を年率3%で
20年間運用した場合の運用成果

0.数%程度の違いで数十万円の差に！

●基準価額・純資産総額は右肩上がりがいい

投資信託の基準価額と純資産総額（グラフはeMAXIS Slim 先進国株式インデックス）

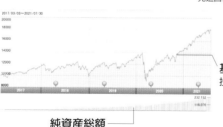

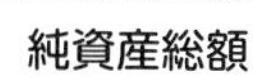

純資産総額
投資信託が運用している資産の合計額

どちらも中長期的に右肩上がりに伸びているものを選びましょう。P100のおすすめ投資信託のグラフも見直してみてください

●広く投資できる指標がいい

（例）日本株の場合

日経平均株価（225銘柄） ＜ TOPIX（2,000銘柄以上） オススメ

TOPIXに投資する投資信託の方が、市場全体の成長力を享受できるでしょう

【迷ったらここもチェック】
・**運用成績**
過去3～5年の成績を見て、利益が出ているものがいい
・**シャープレシオ**
同様の投資先の商品で比較。数値が高いほど投資効率がよい
・**トラッキングエラー**
数値が低いほどベンチマークときちんと連動している

信託報酬が安く、市場全体に分散投資できる商品を探し出そう

9 思考停止の方がむしろ儲かる！株と投信は積み立てで買いなさい

タイミングをはかるのは至難のワザ

●理想

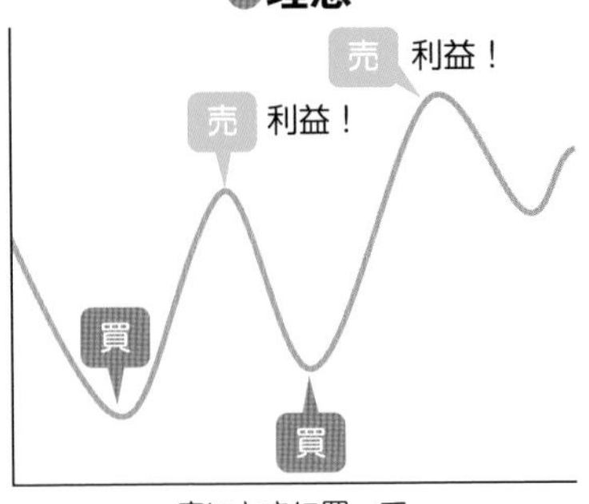

安いときに買って
高いときに売れればいいが…

●現実

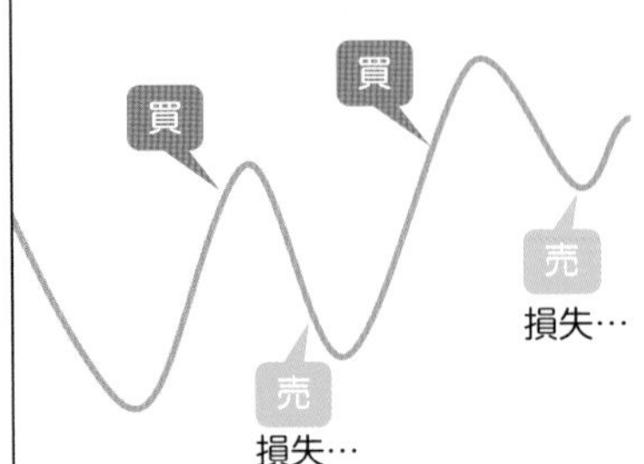

まだ上がると思って買ったら下がり
下がったところで売ったら上がり…

タイミングよく売買できればいいのですが、株式や投信の今の価格が高いか安いかは、誰にもわかりませんし、プロでも判断できません。たとえ1度や2度うまくいったとしても、当て続けるのは至難のワザです

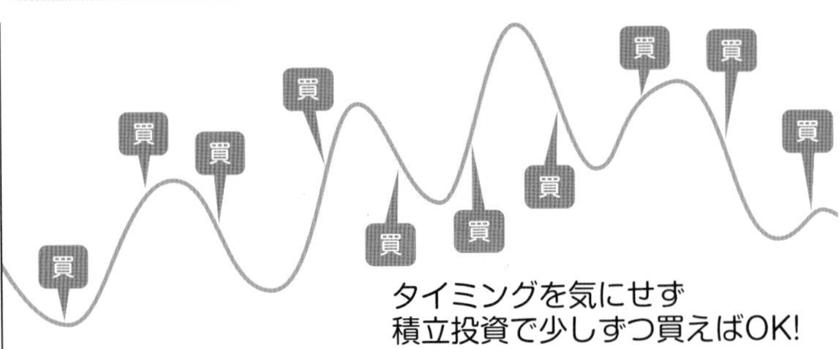

タイミングを気にせず
積立投資で少しずつ買えばOK!

投資は安いときに買って高いときに売れば儲かります。しかし、実際は高値で買ってしまったり、売る前に値下がりしてしまったりと、そう簡単にうまくはいきません。

そこでおすすめなのが、タイミングを気にせず少しずつ買う積立投資です。

積立投資は、毎回決まった金額で行うと、ドルコスト平均法の効果によって、平均購入単価が下がります。そのため、その後の値上がりで利益を生み出しやすくなります。

株式や投資信託は、積み立てで取り組むことができます。たとえ少額でも、コツコツ続けて複利運用することで、資産を堅実に増やせるでしょう。

時間の分散で平均購入単価が下がる

●ドルコスト平均法 一定の間隔（毎月など）で決まった金額ずつ積み立てていく投資の方法

（例）投資信託の基準価額が以下のように変動した場合

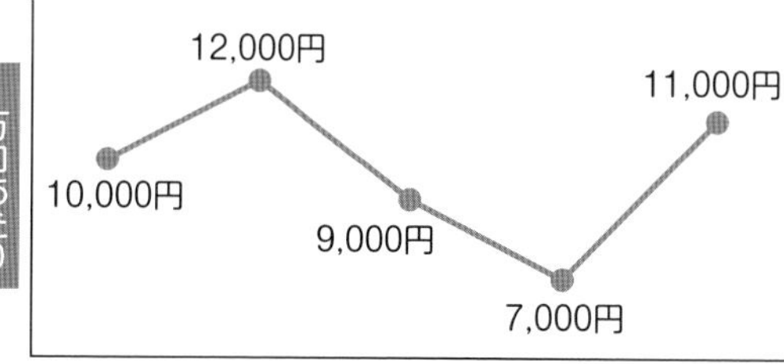

ドルコスト平均法のおかげで、価格が安いときにたくさん買い、高いときには少ししか買わなくなります。結果として、平均購入単価が下がるので、少しでも値上がり利益が出やすくなります。

● 定量購入の場合

	1回目	2回目	3回目	4回目	5回目
積立額	10,000円	12,000円	9,000円	7,000円	11,000円
購入口数	10,000口	10,000口	10,000口	10,000口	10,000口

➡4万9,000円で5万口／1万口あたり**9,800**円

● 定額購入の場合（ドルコスト平均法）

	1回目	2回目	3回目	4回目	5回目
積立額	10,000円	10,000円	10,000円	10,000円	10,000円
購入口数	10,000口	8,333口	11,111口	14,285口	9,090口

➡5万円で5万2,819口／1万口あたり**9,466**円

Point

積立投資なら、ほったらかしでも平均購入単価を下げながら運用できる

積立投資でお金はどう増える？

（例）毎月5,000円を20年間複利で運用した場合

ほったらかしで機械的に投資してもこれだけ増える可能性が！ スマホ証券やつみたてNISA・iDeCoを活用して、早くスタートしましょう

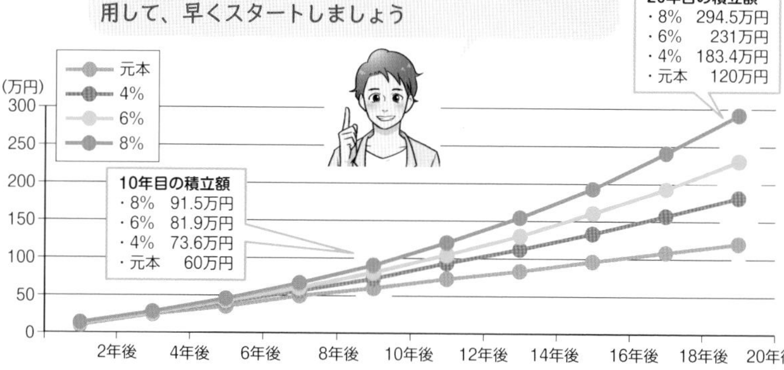

chapter 4

10 投資は暴落があっても慌ててはダメ！淡々と続けなさい

投資でのリスクは「危険性」ではなく、投資したことで得られるリターン（損益）のブレ幅、という意味があります。リスクは投資先によって異なります。預貯金にはリスクがほとんどないため、減らないし、増えないというわけです。

リスクが比較的高い商品でも、長期・分散・積立投資によって、リスクを抑えつつリターンを得る期待ができます。

実際、2008年のリーマンショック時から毎月1万円ずつ積立投資をしたら、資産総額は約2・8倍になっている計算。たとえ一時暴落しても、積立投資を淡々と続けていれば、資産を堅実に築いていくことができるでしょう。

リスクは「危険性」ではない

(投資の)リスク 投資したことで得られるリターン（損益）のブレ幅のこと

投資先によってリスクとリターンは異なる

ハイリスク・ハイリターン

ローリスク・ローリターン
お金が減りにくいかわりにほとんど増えない

組み入れる資産によりリスク・リターンが変わる（株が多ければハイリスク、券が多ければローリスク）

市場はときどき大暴落する

2000年	ITバブルの崩壊	1990年代のIT・ハイテク関連株の高騰がストップし、株価が下落
2008年	リーマンショック	米国の投資銀行、リーマン・ブラザーズ社の倒産によって市場が大幅下落
2011年	東日本大震災	2011年3月11日に東北地方で発生した地震・津波の影響で株価が一時下落
2018年	チャイナショック	好景気だった中国のバブルがはじけ、各国に影響を及ぼした株価下落
2020年	コロナショック	新型コロナウイルスが世界的に蔓延しはじめたことを受け市場が大幅下落

これらの事態が起きたとき、市場は大暴落しました。
暴落はいつやってくるかわかりません

長期・分散・積立投資が有効

分散・積立投資を5年間・20年間続けた結果は？

保有期間5年

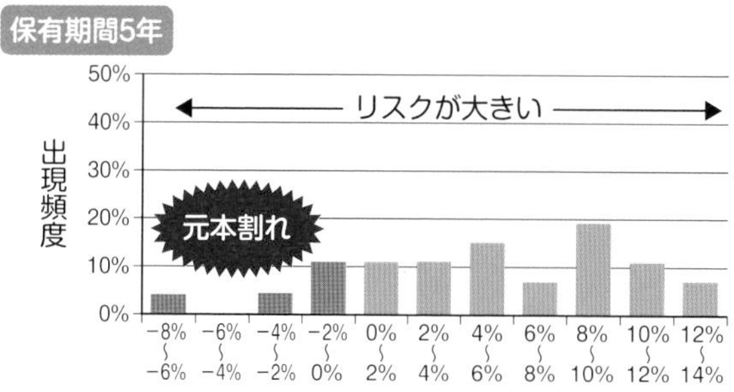

100万円を
5年間運用

**72万〜
173万円**

利益が出る
こともあるが
損失も出る

保有期間20年

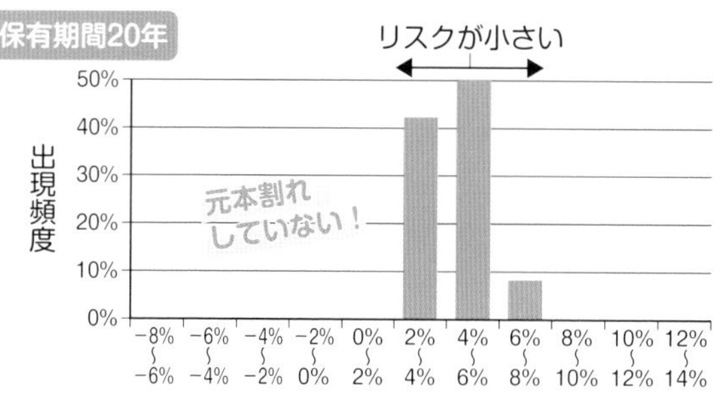

100万円を
20年間運用

**185万〜
321万円**

結果に
差はあるが
増えている！

金融庁の資料をもとに作成

上記はあくまで過去の実績をもとにした算出結果であり、将来の投資成果を予測・保証するものではありませんが、長期分散積立投資は堅実にお金を増やす可能性が高いことがわかります

**（例）リーマンショック直後からS&P500（米国株指数）に
月1万円ずつ積立投資していた場合**（2008年9月〜2021年5月）

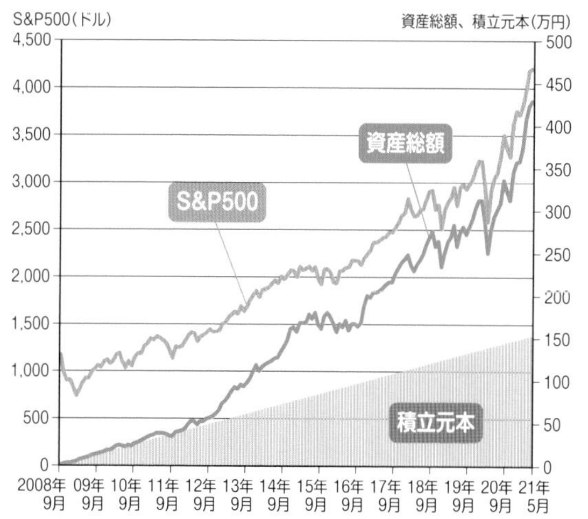

積立元本153万円

**資産総額
約429万円**

資産総額が着実に増加。多少下落してもすでに大きく利益が出ています！

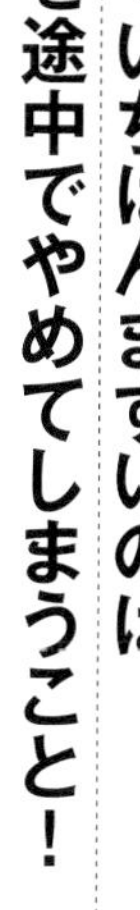

積立投資でいちばんまずいのは積立投資を途中でやめてしまうこと！

11

高く売って利益確定！株式・投信は買った後は売りなさい

株式の取引は、証券会社を通じて証券取引所に売買の注文を出して行います。注文方法は大きく2種類、成行と指値があります。取引時間内に注文が成立すれば、その株式が手に入ります。

また、投資信託は購入方法を選択し目論見書を確認した上で、購入手続きを行います。

P130で長期投資がおすすめとお話ししましたが、もちろん、いつかは売ってお金を取り出さなければ投資の意味がありません。「ライフイベントが発生した」「資産が2倍になった」「目標金額に達した」など、自分にとってもっともいいルールを定めて、そのルールを守って売りましょう。

株式の売買はどうやるの？

❶証券会社に口座開設し入金

P122の方法で証券会社に手続きを行い、口座開設
投資する予定の資金を証券口座に入金

❷株式を選ぶ

購入したい株式を探す（P124）

取引時間中、株価は上下に動いています

❸買い注文の手続き

・銘柄・購入する株数・株価・注文方法を選択

株式の主な注文方法

成行注文

今すぐ売買したい！

株数を指定

注文がすぐ成立するが、高値で買ってしまう可能性もある

指値注文

株価が下がったら買いたい

株数と株価を指定

指定した株価で買えるが、注文が成立しない可能性もある

どうしても買いたいときは成行、急がないなら指値を使いましょう

❹注文が成立（約定）

❺売り注文の手続き

買い注文と同じように、売却する株数、株価、注文方法を選択して売り注文を出す

指値注文

株価が上がったら売りたい

株数と株価を指定

指定した価格以上で売りたいなら指値注文、すぐに売りたいなら成行注文

2倍

投資信託の売買はどうやるの？

❶投資信託を選ぶ

購入したい投資信託を探す

❷購入方法を選ぶ

- 金額買付
- 口数買付　オススメ
- 積立買付などから選ぶ

❸目論見書に目を通す

❹購入の手続き

②で選んだ方法に合わせて、購入金額や購入口数、積み立ての数量、積立日の設定などを行う

❺購入完了

❻解約（売却）の手続き

保有中の投資信託を選んで解約を申し込む

投資信託の値段（基準価額）は1日1回しか動きません

目論見書には、商品の説明が書いてあるので、ひととおり目を通そう

購入後「取引報告書」が届きます

Point
自分の売りどきのルールを決めて　そのルールどおりに利益確定しよう

株式や投資信託の売りどきはいつ？

●ライフイベントが発生したとき

結婚、出産、住宅購入、子育て、親の介護、転職などでお金が必要になったら、必要な分だけ売る

●目標金額に達したとき

「○%値上がりしたら売る」「○円になったら売る」と目標を決めておき、目標に達したら売る

売りどきに絶対の正解はありませんが、きちんとルールを決めること、そしてルールを決めたら守ることが大切です

●資産が2倍になったとき

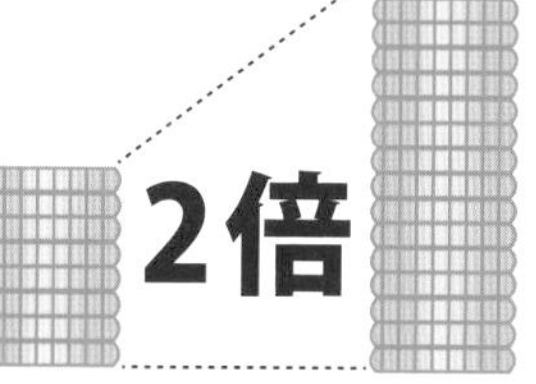

目標が決められない場合は、資産が2倍になった時点で半分だけ売れば、投資の元本を回収できる

column 4

3つの控除が税額を左右する

所得税の仕組みを押さえておきなさい！

所得税はこうして決まる

所得税は、収入から計算される「所得」に対してかかる税金です。所得税の金額を計算するときは、下の図のとおり、毎年1月1日〜12月31日の1年間の年収から給与所得控除・所得控除を引いて「課税所得」を算出します。そして、課税所得の金額に応じた税率（5〜45％）を掛け、税額控除を引いて、最終的に納める所得税額が決定します。なお、住民税は課税所得の10％です。

会社員・公務員の方は、毎月の給料から所得税や住民税が差し引かれていますが、これは実は概算の金額。毎年末に勤務先が「年末調整」を行い、正しい金額を計算します。「年末に書類を提出した」「12月の給料が少し多かった」という人がいると思います。これは、年末調整で、納めすぎた税金が戻ってきているのです。

また、フリーランスや個人事業主の場合は、翌年の2月16日〜3月15日の間に「確定申告」を行い、算出された所得税を納めています。

「控除」が多いと所得税額が減る！

所得税の計算に出てくる控除の金額が多いほど、結果として納める税金を減らすことができます。3つの控除のうち、所得控除と税額控除は、年末調整や確定申告で申請することで、税金を減らせる場合があります。

所得控除は全部で15種類あります。iDeCoの掛金も小規模企業共済等掛金控除という所得控除の対象です。また税額控除の代表には、住宅ローンを借りることで受けられる住宅ローン控除（住宅借入金等特別控除）があります。

所得控除には、勤務先の年末調整で手続きできるものと、会社員・公務員であっても確定申告が必要なものがあります。とはいえ、税金が安くなるのですから、申請を忘れてはもったいない！　年末調整・確定申告は、漏れなくするようにしましょう。

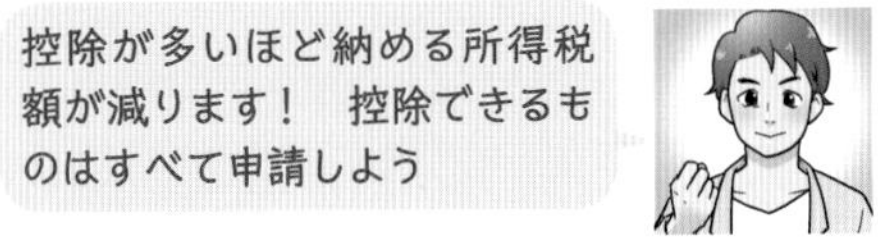

控除が多いほど納める所得税額が減ります！　控除できるものはすべて申請しよう

所得税の計算方法

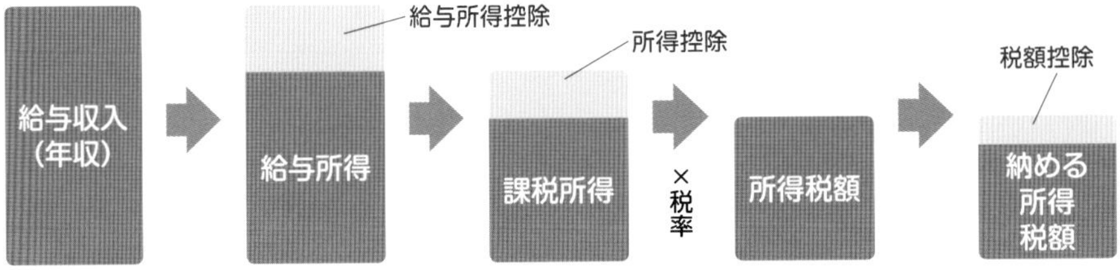

給与収入（年収） → 給与所得（給与所得控除） → 課税所得（所得控除） → ×税率 → 所得税額 → 納める所得税額（税額控除）

chapter 5

第5章

特別付録

年収別 最速で100万円を作るなら こうしなさい！

自分の収入のところのアドバイスを読んでください

❶ 年収100万円未満

❷ 年収100万円～200万円未満

❸ 年収200万円～250万円未満

❹ 年収250万円～300万円未満

❺ 年収300万円～400万円未満

❻ 年収400万円～500万円未満

❼ 年収500万円～700万円未満

❽ 年収700万円以上

誰にとっても、最初の100万円は壁になります。最速で貯める方法を教えますね！

主な対象
- パート・アルバイトの人
- 実家暮らしの人
- 扶養に入って働いている人

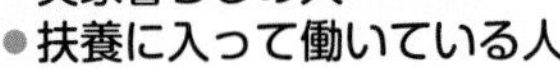

貯蓄・投資の目安（月額） 3万円

実家暮らしの場合、一人暮らしよりもたくさんお金が貯められるはず。年収は少なくても、「3年以内に100万円」はできます！

100万円を作るなら…
楽天経済圏を使い倒しなさい！

100万円を作る5カ条

1 貯める 楽天銀行フル活用で先取り貯蓄せよ

（例）手取りの月収8万円（年96万円）の分け方

生活費口座		貯蓄用口座
メインバンク	→	サブバンク
楽天銀行「普通預金」 月5万円（年60万円）	自動入金 （先取り貯蓄）	楽天銀行「定期預金」 月3万円（年36万円）

楽天銀行　楽天証券

マネーブリッジ金利が0.1%にアップ
楽天銀行の普通預金口座から自動的に定期預金に預け入れ可能（定期預金の積立購入）。金利は0.02%だが、先取り貯蓄を手間なくスタートできるため活用

2 使う 楽天のカード・アプリで楽天ポイントを貯めよ

楽天カード
支払い

支払い →

楽天市場アプリ
楽天市場の買い物に利用
ポイント＋**4.5**倍
（通常ポイント2%・期間限定ポイント3.5%）

チャージ払い →

R Pay
楽天ペイ
楽天市場以外の買い物に利用
通常ポイント
1.5%

（例）楽天市場を月1万円、
楽天ペイを月4万円使った場合

通常ポイント…年**9,600**ポイント
➡ 運用に回して増やす（左ページ5参照）

期間限定ポイント…年**4,200**ポイント
➡ 楽天ペイで買い物に使用する

さらに使えるなら

楽天ポイントカード

楽天チェック

対象の店舗で利用

3 節約する スマホアプリのクーポンを使え (P46)

LINEクーポン

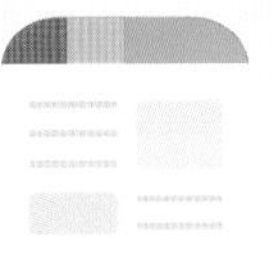
スマートニュース

グノシー

各店公式アプリ
(上記はマクドナルド) など

数十円の割引を重ねて月**1,000**円を貯める

せっかく明るい未来のためにお金を貯めるのですから、楽しく貯めましょう！

4 貯める 面白貯金せよ (P77)

歩数貯金

つもり貯金

おつり貯金 など

どれか1つ実践
3で節約したお金も
一緒に貯金
月**1,000**円（年**1.2**万円）

5 増やす 楽天カード＋楽天ポイントでつみたてNISA

楽天証券

楽天カード＋楽天ポイント
つみたてNISA
月**3,000**円（年**3.6**万円）
＋通常ポイントで投資

買う商品はこれ！
eMAXIS Slim バランス
(8資産均等型)

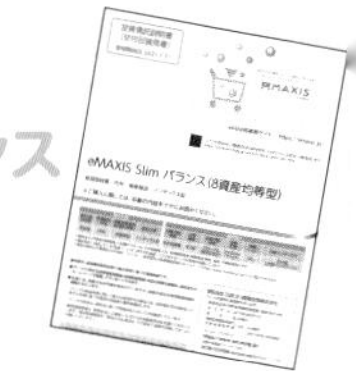

※ポイントを利用した場合は「積立額ーポイント利用分」がカード決済額となりポイント利用分はポイントが貯まらない

年収100万円までの人へのアドバイス

財布の中身をきれいにしよう

- お金持ちの財布にはレシートや領収書がない
- キャッシュカードやクレジットカードも使うものに絞って持つようにしよう

お金のかからない趣味を持とう

- おすすめは運動。散歩やジョギングで健康に
- YouTubeなどで「ダンス」「筋トレ」「ストレッチ」などの動画を見るのもいい

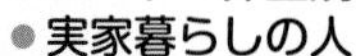
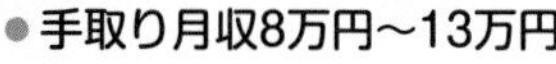

主な対象
- パート・非正規社員の人
- 実家暮らしの人
- 手取り月収8万円～13万円

貯蓄・投資の目安（月額） **5**万円

楽天経済圏を活用する基本方針は同じ。さらに効率よく貯める工夫をしましょう

100万円を作るなら…

貯められる金額を増やせ！

100万円を作る5カ条

1 貯める 収入に合わせて貯蓄額を増やせ

（例）手取りの月収12万円（年144万円）の分け方

生活費口座
メインバンク
楽天銀行「普通預金」
月**7**万円（年**84**万円）

貯蓄用口座
サブバンク
楽天銀行「定期預金」
月**5**万円（年**60**万円）
うち、楽天証券でつみたてNISA月5,000円（年6万円）

実家暮らしで出費が少なければ余裕があるはず。たとえば左のように貯蓄額を増やして、月収の4～5割は貯蓄に回そう

2 貯める 楽天経済圏をさらに活用せよ

利用すると楽天市場のポイント倍率がアップするサービス

Rakuten kobo
楽天Kobo
楽天カード払い
100円ごとに1ポイント
楽天市場でのポイント
+0.5倍

Rakuten 光
楽天ひかり
楽天カード払い
100円ごとに1ポイント
楽天市場でのポイント
+1倍

楽天ブックス
楽天カード払い
100円ごとに1ポイント
楽天市場でのポイント
+0.5倍

楽天トラベル
楽天カード払い
100円ごとに1ポイント
楽天市場でのポイント
+1倍

家で利用しているサービスを楽天に切り替えられないかチェック

すべて使うと年**5,000**ポイント程度
＋楽天市場でのポイント＋**3**倍

3 使う メルカリを使いこなせ(P33)

本・洋服・バッグ・財布などを買う前に、安いものがないかチェック。
不要なものを出品して、**月1,000円～1万円**の儲けを目指そう

貯められる金額を増やすためにも、出費を減らすことが大切です

4 節約する 用もないのにコンビニには行くな！(P31)

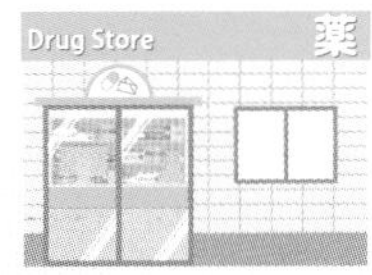

コンビニやドラッグストアに用もないのに立ち寄ると余計なものを買ってしまいかねないので注意。1回500円の買い物を月5回防げたら、**月2,500円・年3万円の節約に**

5 増やす 50万円以上貯まったらネット定期に預けよ(P79)

あおぞら銀行
「Bank The 定期」
金利年0.2%（1年・単利）
年0.15%（2年・半年複利）

50万円以上貯まったらネット定期に資金を移動し、一切手をつけずにとっておこう

年収200万円までの人へのアドバイス

税金・社会保険料を気にせず働こう

- 税金や社会保険料を払うのが嫌だからと年収を抑える働き方をするのはNG。
将来の年金も増え、スキルが上がれば年収アップも

自己投資に最適は読書！本は図書館をフル活用しよう

- 出費は切り詰めたいが、自己投資はしてほしい。
そこで活用すべきは図書館。本を借りるのも勉強をするのもタダでお得

主な対象

- 新社会人・地方・一人暮らし
- 非正規社員の人
- 手取り月収13万～16万円

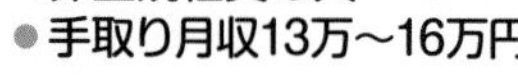

3万円

一人暮らしで家賃も支払う状態だと貯蓄が大変。それでも、手取りの1割でも1万円でもいいので先取り貯蓄をスタートしよう

100万円を作るなら…

予算を踏まえ、効果の高い節約をせよ

100万円を作る6カ条

1 貯める 一人暮らしなら先取り貯蓄は2割を目指せ

（例）手取りの月収15万円（年180万円）の分け方

生活費口座 **メインバンク**	イオン銀行「普通預金」 月**12**万円（年**144**万円）	近所にイオンがあるなら活用を検討。日用品などの買い物がお得に。もし近所になければ楽天銀行でも可
貯蓄用口座 **サブバンク**	イオン銀行 「積立式定期預金」 月**3**万円（年**36**万円） うち、イオン銀行でつみたてNISA月3,000円（年3.6万円）	

2 使う マネーフォワードMEで家計を管理せよ （P24）

登録事項

- 銀行口座（メインバンク・サブバンク）
- クレジットカード
- 電子マネー

無料版だと登録は10件までだが十分。一人暮らしを始めたら、早いうちからお金の動きを見える化しよう

3 節約する 家賃が下がるなら引越せ （P29）

たとえば引越しに20万円かかっても、月1万円・年12万円の家賃が削れるなら、**1年8カ月で元が取れ、以後は1万円**多く貯まる

4 節約する スマホはUQ mobileを使え （P45）

くりこしプランS＋5G
基本データ容量3GB
（翌月繰越可能）
通話料税込22円／30秒
→月額料金1,628円

UQ mobile

月8,000円のスマホを使っていた場合
月約6,400円（年7万6,800円）節約に

5 貯める イオン経済圏を活用せよ (P61)

近くにイオンがあるならイオン経済圏を活用するのが便利です！

●イオン銀行Myステージポイントアップの例

対象の取引	スコア
イオンカードセレクト	10点
インターネットバンキング	30点
給与受け取り	30点
積立式定期預金の口座振替	10点
NISA口座の開設	30点
投信自動積立の口座振替	30点
外貨普通預金残高	10点

イオン銀行のクレジットカードを作ってネットバンキングを登録すれば計40点

メインバンクを普通預金、サブバンクを積立式定期預金にすれば計40点

つみたてNISAを設定し、口座振替の実績で60点

1ドルだけでも10点

合計150点
プラチナステージ達成
(普通預金金利0.1%・他行ATM振込・入出金手数料月5回まで無料)

●安くなる日を狙え

- 5のつく日…ポイント2倍
- 10日…ポイント5倍
- 20日・30日…5%OFF

この他にも不定期でポイント還元がある。クレカ払いが条件の場合はイオンカードセレクトを利用しよう

●イオンお買物アプリ

割引クーポンが多数配信されており、無料で利用可能。**月500円(年6,000円）程度お得**

●オーナーズカードでさらに得

イオンの株主優待。買い物で提示すると**3%のキャッシュバック（100株保有時)。映画も1,000円になる**。まとまったお金ができたら狙おう

年収250万円までの人へのアドバイス

我慢のしどころだからこそ、支出を予算化しよう

- 貯蓄するには支出を予算化することが大切
- まだ収入が少ない我慢のときだが予算化できるようになるとこの先も貯まる

日々の小さな積み重ねで信用をつけよう

- 仕事に取り組む姿勢は信用の差を生む。日々有言実行・不言実行を心がけ、誠実に仕事に取り組むと、「あなたと仕事がしたい」という人が増える

主な対象
● 新社会人・地方・一人暮らし
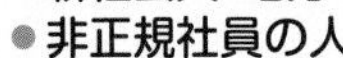
● 非正規社員の人
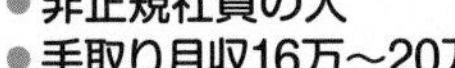
● 手取り月収16万〜20万円

貯蓄・投資の目安（月額） **4万円**

気を緩めず、節約を心がけることでお金は貯まっていきます

100万円を作るなら…
節約を突き詰めつつポイント投資！

100万円を作る6カ条

1 貯める 収入に合わせて貯蓄額を増やせ

（例）手取りの月収18万円（年216万円）の分け方

生活費口座
メインバンク
イオン銀行「普通預金」
月**14**万円（年**168**万円）

貯蓄用口座
サブバンク
イオン銀行
「積立式定期預金」
月**4**万円（年**48**万円）
うち、イオン銀行でつみたてNISA月4,000円（年4.8万円）

収入は多少増えたものの、まだ余裕はない状態。手取りの2割を目標に節約に励もう

2 節約する サブスクを見直せ

（例）主なサブスクの月額料金（税込）

種類	サービス名	月額
動画	Hulu	1,026円
動画	Netflix	990円
音楽	Spotify	980円
音楽	Apple Music	980円
Amazon	Amazon Prime	500円
本	Kindle Unlimited	980円
本	dマガジン	440円
本	楽天マガジン	418円
ゲーム	Nintendo Switch Online	306円

1つやめると年数千円〜1万円程度の節約に

3 節約する 固定費と変動費の節約を心がけよ （P28）

シャワーヘッドを節水のものに取り替える
➡ **年5,000円〜1万円の節約**

使っていない電化製品のプラグを抜く
➡ **年6,156円の節約**

洗濯物をまとめ洗いする
➡ **年3,980円の節約**

外食を月1回減らす
➡ 1回2000円として
年2万4,000円の節約

資源エネルギー庁「家庭の省エネ徹底ガイド」を参考に作成

※2021年8月4日時点

4 貯める ポイントの貯まるカードを持て (P66)

楽天ポイントだけでなく、Tポイント・Pontaポイント・dポイントも投資可能。近所の店で貯まるポイントを1つ選んで貯めよう

月**200**ポイント
（年**2,400**ポイント）程度

5 増やす ポイント投資で「1株株主」を目指せ (P120)

Tポイントなら
SBIネオモバイル証券

Pontaポイントなら
StockPoint for CONNECT

dポイントなら
日興フロッギー

2と3で浮いたお金と4のポイントを使って1株単位で株を買う

月**5,000**円（年**6**万円）

6 備える 保険は「FWDがんベスト・ゴールド」だけ入れ (P64)

保険は「起こったときに経済的損失の大きな問題」に備えるもの。公的保険の補償も意外と手厚い。ただ、がんは治療費もかかり、仕事のできない期間も長くなりがちなので、がん保険には入っておきたい

FWDがんベスト・ゴールド

もし余計な保険に入っているようなら解約！保険料の節約につながります

年収300万円までの人へのアドバイス

大きな出費（特別支出）も見積もろう

- 家賃の更新料、年に1回の帰省、友人や会社の人の冠婚葬祭など、大きな出費があることも
- 「毎月5,000円」などと決めてお金を貯めよう

財布のヒモがつい緩む「お得の罠」に要注意！

- 「半額で安かったから」「3つで20%オフだったから」など、「お得だから」の買い物は危険！
- 本当に必要なのか、買う前に吟味しよう

主な対象

- 社会人・一人暮らし
- 手取り月収20万～26万円
- ボーナス年2回

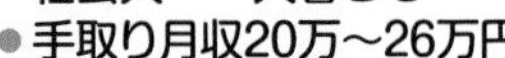

5万円

住む地域にもよるが、一人暮らしなら余裕が出てくる金額。でも無駄遣いは禁物！

100万円を作るなら…
貯蓄・投資に加えて節税もせよ

100万円を作る6カ条

1 貯める 収入に合わせて貯蓄額を増やせ

（例）手取りの月収25万円（年300万円）の分け方

生活費口座 **メインバンク**	楽天銀行「普通預金」 月**20**万円（年**240**万円）
貯蓄用口座 **サブバンク**	楽天銀行 「定期預金」 月**5**万円（年**60**万円） うち楽天証券でつみたてNISA 月1万円（年12万円）

つみたてNISAを軸に、投資のウエイトを上げていきたい。可能ならば手取りの2割以上貯蓄しよう

2 増やす つみたてNISAを強化せよ （P96）

Rakuten
楽天証券

楽天カード＋
楽天ポイント
つみたてNISA

月**1**万円（年**12**万円）
＋通常ポイント

※ポイントを利用した場合は「積立額ーポイント利用分」がカード決済額となりポイント利用分はポイントが貯まらない

買う商品はこれ！

SBI・全世界株式
インデックス・ファンド

株式重視で積極的に資産を増やそう

スマホ証券で1株から株を買おう （P118）

LINE証券

月**1**万円（年**12**万円）
＋通常ポイント

株の売買手順

①P124の株の探し方を参考に銘柄を選ぶ
②買い注文する
③じっくりと保有
④P133の売却の条件を満たしたら売る

4 節税する 「ふるさとチョイス」で上限までふるさと納税 (P48)

ふるさとチョイスでは楽天ペイが利用可能。楽天ペイでふるさと納税すると楽天ポイントが貯まる

上限**4万3,000**円の寄付
(年収400万円・独身の目安)

⬇

約**1万3,000**円分の返礼品が
2,000円で手に入る

※ふるさと納税の返礼品の還元率は寄付額の3割までと定められています

ふるさと納税はいずれ支払う税金を寄付することで返礼品がもらえる制度。毎年フル活用しよう

5 使う 公共料金はクレカで支払え (P40)

電気代

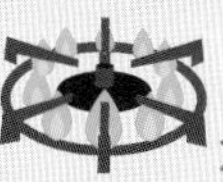

ガス代

税金 税金

放送受信料 など

年**1,000〜3,000**ポイント程度

クレカでつくポイントの方がお得なら支払い方法を変更。
支出の見える化のため、支払いは1枚のカードに集約させる

ラテマネーに要注意 (P30)

日常の細かな出費、ラテマネーに注意。たとえば、月3回払っていたATMの時間外手数料（110円）を0にすれば、**年3,960円の節約になる**

年収400万円までの人へのアドバイス

支出の価値基準を明確に

- お金持ちは、自分たちに必要なもの・大切なものだけにお金を使う。他人に流されず、自分の支出の価値基準をはっきりさせよう

「パーキンソンの法則」にならない対策を

- 「支出の額は、収入の額に達するまで膨張する」といわれている。これを防ぐには、無駄遣いを減らすこと、先取り貯蓄を徹底することが大切

⑥年収400万円～500万円未満 100万円を作るならこうしなさい！

主な対象 
- 社会人（20代～30代）
- 手取り月収26万～32万円
- ボーナス年2回

貯蓄・投資の目安（月額） 8万円

年収が上がってきたら、徐々に長期的な視野でお金を増やすことを考えていきましょう

100万円を作るなら…
貯蓄・投資・節税を加速しよう

100万円を作る5カ条

1 貯める 収入に合わせて貯蓄額を増やせ

（例）手取りの月収30万円（年360万円）の分け方

生活費口座
メインバンク
楽天銀行「普通預金」
月22万円（年264万円）

貯蓄用口座
サブバンク
楽天銀行「定期預金」
月8万円（年96万円）
うち楽天証券でつみたてNISA
月3万円（年36万円）

さらに余裕が出る年収なので、お金を貯めるスピードを加速させたい。可能ならば手取りの2割以上貯蓄しよう

2 増やす つみたてNISAを強化せよ （P96）

Rakuten 楽天証券

楽天カード＋楽天ポイントつみたてNISA
月3万円（年36万円）＋通常ポイント

※ポイントを利用した場合は「積立額－ポイント利用分」がカード決済額となりポイント利用分はポイントが貯まらない

買う商品はこれ！
SBI・全世界株式インデックス・ファンド

3 増やす スマホ証券で1株から株を買おう （P118）

LINE証券
月2万円（年24万円）

つみたてNISAと株で月5万円。さらに月3万円先取り貯蓄することで、1年で100万円を狙います！

4 使う キャッシュレス決済は5つに絞って使え

（例）楽天経済圏とイオン経済圏をフル活用する場合

●クレカ2枚、電子マネー1枚、スマホ決済2つの計5つ

クレカ①	楽天カード	楽天ペイへのチャージや楽天系列での支払いに利用
クレカ②	イオンカード	イオン系列での支払いに利用。日によっては割引も
電子マネー	WAON	イオンカードで貯めたWAONポイントを利用
スマホ決済①	楽天ペイ	楽天系列での支払い・期間限定ポイントを使うために利用
スマホ決済②	PayPay	楽天・イオン系列以外での支払いに利用

どんな支払いでもお得にしつつ、貯まったポイントを活用できるようにしよう

5つまでに収めればお金の流れもわかりやすい

5 節税する 医療費は確定申告せよ

所得税の計算のもととなる課税所得を少なくすることで、納める税金を少なくできる

- セルフメディケーション税制
年間の対象市販薬の購入額−1万2,000円＝控除額（最大8万8,000円）
- 医療費控除
年間の医療費（市販薬の購入額を含む）−10万円＝控除額（最大200万円）

- 併用はできないのでお得な方を使う
- 医療費のレシートや領収書は要保管

セルフメディケーション対象のロゴ（OTC医薬品）

（例）市販薬の購入額7万円、医療費8万円のときの控除額

- セルフメディケーション税制…**5万8,000円**
- 医療費控除…**5万円（7万円+8万円−10万円）**

➡ セルフメディケーション税制の方が**得！**

年収500万円までの人へのアドバイス

価値ある支出はできている？「投資脳」で考えよう

- お金持ちは「お金を価値あるものに使って増やす」投資脳で考えている。無駄遣いを減らすのは大切だが、価値ある支出ができているか確認

一流の人やものでスキルを磨こう

- 一流の人やものの優れているところをチェック。気づいたことをメモし、自分に取り入れスキルを高めよう。スキルアップは年収アップにつながる

⑦年収500万円〜700万円未満 100万円を作るならこうしなさい！

主な対象
- 社会人（20代〜30代）
- 手取り月収32万〜44万円
- ボーナス年2回

貯蓄・投資の目安（月額） 10万円

100万円を貯めるのは難しくない年収。資産形成を安定・加速するための工夫をしましょう

100万円を作るなら…
つみたてNISAとiDeCoを併用

100万円を作る4カ条

1 貯める 収入に合わせて貯蓄額を増やせ

（例）手取りの月収40万円（年480万円）の分け方

生活費口座 メインバンク	ゆうちょ銀行「通常貯金」 月30万円（年360万円）
貯蓄用口座 サブバンク	楽天銀行「定期預金」 月10万円（年120万円） うち、楽天証券でつみたてNISA・iDeCoそれぞれ月2万円（年48万円）

地方在住なら楽天銀行ではなく、イオン経済圏を活用するためにイオン銀行でもOK

2 増やす 楽天証券かLINE証券で株を買え

100株単位なら

- 指値・成行・逆指値などの注文が使える
- 「いちにち定額コース」なら1日100万円まで取引手数料無料
- 投資に楽天ポイントが活用できる

1株単位なら

- LINEのアプリ上で「いちかぶ」1,000銘柄以上を1株から購入できる
- 「株のタイムセール」で割引も
- 夜間など、市場の取引時間外でも取引可

100株単位の場合、株価×100の資金が必要ですが、十分用意できる年収です。普段から銘柄を探し、いい銘柄があったら随時買いましょう

3 増やす 楽天証券でiDeCoをスタート (P94)

●つみたてNISAとiDeCoは併用しよう

Rakuten 楽天証券

楽天証券

つみたてNISA
楽天カード＋楽天ポイント

月2万円（年24万円）＋通常ポイント

※ポイントを利用した場合は「積立額－ポイント利用分」がカード決済額となりポイント利用分はポイントが貯まらない

iDeCo　楽天証券

月2万円（年24万円）

iDeCoの効果で所得税・住民税も安くできる！

●楽天証券で買う商品はこれ！

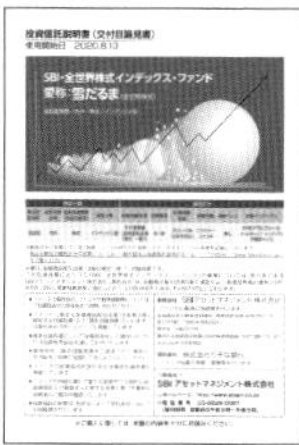
投資信託説明書（交付目論見書）
SBI・全世界株式インデックス・ファンド
愛称：雪だるま（全世界株式）

つみたてNISA
SBI・全世界株式
インデックス・ファンド

Vanguard
セゾン・バンガード・グローバルバランスファンド
セゾン投信

iDeCo
セゾン・バンガード・
グローバルバランス
ファンド

4 備える フリーランスは小規模企業共済が最優先！ (P104)

小規模企業共済

小規模企業共済
中小機構
月2万円（年24万円）
積み立てで退職金を作れる。
退職・廃業時にも保障あり

税金が安くなるのはもちろん、ピンチのときにはお金を借りることができてありがたい！

年収700万円までの人へのアドバイス

変動費が上がっていたら要注意

- いいご飯を食べたり、おしゃれな服やかばんを買ったりと、変動費が上昇しやすい時期。収入が増えてもぜいたくするとお金は貯まらない！

スペシャリストを目指せ

- 収入を上げるために、仕事の数を増やすのは限界がある。仕事の質・スキルを高めてその道のスペシャリストを目指そう。日々の努力が欠かせない

⑧年収700万円以上 100万円を作るならこうしなさい！

主な対象

● 社会人（30代〜）
● 手取り月収44万円〜
● ボーナス年2回

貯蓄・投資の目安（月額） **15万円**

ここまで紹介してきたことの総まとめ。すべてフル活用してお金を貯めるようにしていきましょう

100万円を作るなら…
有利な仕組みを最大限活用せよ

100万円を作る6カ条

1 貯める 収入に合わせて貯蓄額を増やせ

（例）手取りの月収45万円（年540万円）の分け方

生活費口座
メインバンク
楽天銀行「普通預金」
月**30**万円（年**360**万円）

貯蓄用口座
サブバンク
楽天銀行「定期預金」
月**15**万円（年**180**万円）
うち、楽天証券でつみたてNISA・iDeCo
合計5.6万円（年約67万円）

毎月15万円貯蓄するだけでも十分100万円貯まる計算。投資を多く取り入れて、よりお金を増やす体制を整えよう

2 増やす つみたてNISA・iDeCoは上限まで使え

つみたてNISA
月約**3**万**3,000**円（年**40**万円）

iDeCo（企業年金のない会社員）
月**2**万**3,000**円（年**27**万**6,000**円）

投資の利益にかかる約20%の税金をゼロにできるつみたてNISA・iDeCoを優先。上限まで使い切り、非課税の恩恵を大きく受けよう

3 増やす 投資の幅を広げよ！

● **投資信託の積み立て 月2万円**
つみたてNISA・iDeCoで投資しきれない分は、特定口座で積み立てを行う。商品はつみたてNISAと同じでOK

● **純金積立(P83) 月2万円**
金（Gold）に投資。金そのものに価値があるため、安全資産といわれる。楽天証券で1,000円からできる

● **株式投資**
普段から銘柄を探し、いい銘柄があったら随時投資

値動きの異なる資産へ投資すると、リスクを抑えつつ堅実に利益を上げることが期待できます

4 使う マネーフォワードMEで家計を管理せよ (P24)

登録事項が多くなりそうなら有料版（月480円）を利用。家計が手軽に一元管理できるメリットは大きい

5 節税する ふるさと納税・確定申告をせよ

上限**13**万**1,000**円の寄付
（年収**800**万円・独身の目安）

↓

約**4**万円分の返礼品が
2,000円で手に入る

控除上限額が増えるともらえる返礼品も増えるので、上限まで使い切ろう。医療費などの確定申告も忘れずに

6 備える 保険はこれに入りなさい (P64)

がん保険
（がんに備えて加入）

FWD富士生命
FWDがんベスト・ゴールド

定期保険
（家族ができたら加入）

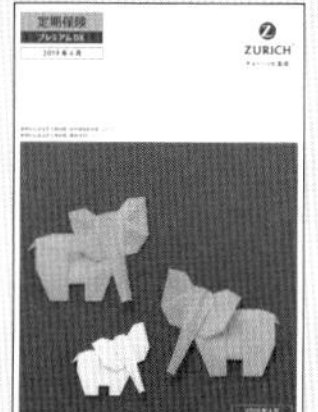

チューリッヒ生命
定期保険プレミアムDX

収入保障保険
（子育て世代は加入）

FWD富士生命
FWD収入保障

結婚したり、子どもが生まれたりしたらがん保険に加えて加入を検討。年末調整・確定申告で生命保険料控除を生かせば、税金も安くなります

年収700万円以上の人へのアドバイス

「高年収貧乏」にならないように！

- 年収が1,000万円以上でも貯蓄ゼロの世帯は15.4%（※）。年収が上がっても、貯蓄や投資にきちんとお金を振り向けよう

（※）金融広報中央委員会「家計の金融行動に関する世論調査［二人以上世帯調査］」（2019年）より

お金の勉強を続けよう

- 年収が増えても、お金と向き合うことは大切。お金の知識は日々アップデートされていくので、日頃からニュースなどに触れよう

［著者］
頼藤太希（よりふじ・たいき）
株式会社Money＆You代表取締役／
マネーコンサルタント

中央大学客員講師。慶應義塾大学経済学部卒業後、外資系生命保険会社にて資産運用リスク管理業務に従事。2015年に（株）Money＆Youを創業し、現職。女性向けWebメディア『FP Cafe』や月400万PVの『Mocha（モカ）』を運営すると同時に、マネーコンサルタントとして、資産運用・税金・Fintech・キャッシュレスなどに関する執筆・監修、講演などを通して日本人のマネーリテラシー向上に注力している。主な著書に『はじめての資産運用』(宝島社)、『1日5分で、お金持ち』(クロスメディア・パブリッシング)、『はじめてのNISA＆iDeCo』（成美堂出版）などがある。日本証券アナリスト協会検定会員、ファイナンシャルプランナー（AFP）、日本アクチュアリー会研究会員。Twitter: @yorifujitaiki

そのままやるだけ！お金超入門
―貯金ゼロから100万円を最速でつくる超実践ガイド

2021年10月5日　第1刷発行
2021年12月3日　第2刷発行

著　者――頼藤太希
発行所――ダイヤモンド社
〒150-8409　東京都渋谷区神宮前6-12-17
https://www.diamond.co.jp/
電話／03･5778･7233（編集）　03･5778･7240（販売）

装丁――――河南祐介（FANTAGRAPH）
マンガシナリオ―青木健生
作画――――きたがわかよこ
本文レイアウト･DTP―株式会社明昌堂
製作進行――ダイヤモンド・グラフィック社
印刷・製本―勇進印刷
編集協力――畠山憲一
編集担当――木山政行

ISBN 978-4-478-11084-3

※投資は最新の情報を確認し、ご自分の判断で行ってください。本書を利用したことによるいかなる損害などについても、著者および出版社はその責を負いません。本書の内容は特に記載のないものは、2021年7月末時点のものであり、予告なく変更される場合もあります。また、本書の内容には正確を期すよう、努力を払いましたが、誤り・脱落等がありましても、その責任は負いかねますのでご了承ください。修正等は、https://www.diamond.co.jp/go/pb/sonomama.pdfを参照してください。